新編諸子集成續編

李衛公問對校注

吴如嵩
王顯臣　校注

中華書局

圖書在版編目(CIP)數據

李衛公問對校注/吴如嵩,王顯臣校注. —北京:中華書局,2016.7(2025.9 重印)
(新編諸子集成續編)
ISBN 978-7-101-11598-7

Ⅰ.李… Ⅱ.①吴…②王… Ⅲ.①兵法-中國-唐代②《李衛公問對》-注釋 Ⅳ.E892.42

中國版本圖書館 CIP 數據核字(2016)第 042595 號

責任編輯:石　玉
封面設計:周　玉
責任印製:管　斌

新編諸子集成續編
李衛公問對校注
吴如嵩　王顯臣 校注
*
中 華 書 局 出 版 發 行
(北京市豐臺區太平橋西里 38 號　100073)
http://www.zhbc.com.cn
E-mail:zhbc@zhbc.com.cn
三河市宏盛印務有限公司印刷
*
850×1168 毫米 1/32 · 5½印張 · 2 插頁 · 110 千字
2016 年 7 月第 1 版　2025 年 9 月第 6 次印刷
印數:9501-10500 册　定價:33.00 元

ISBN 978-7-101-11598-7

新編諸子集成續編出版緣起

新編諸子集成叢書，自一九八二年正式啓動以來，在學術界特别是新老作者的大力支持下，已形成規模，成爲學術研究必備的基礎圖書。叢書原擬分兩輯出版，第一輯擬目三十多種，後經過調整，確定爲四十種，今年將全部出齊。第二輯原來只有一個比較籠統的規劃，受各種因素限制，在實施過程中不斷發生變化，有的項目已經列入第一輯出版，因此我們後來不再使用第一輯的提法，而是統名之爲新編諸子集成。

隨着新編諸子集成這個持續了二十多年的叢書劃上圓滿的句號，作爲其延續的新編諸子集成續編，現在正式啓動。它的立意、定位與宗旨同新編諸子集成一脈相承，力圖吸收和反映近幾十年來國學研究與古籍整理領域的新成果，爲學術界和普通讀者提供更多的子書品種和哲學史、思想史資料。

續編堅持穩步推進的原則，積少成多，不設擬目。希望本套書繼續得到海内外學者的支持。

中華書局編輯部

二〇〇九年五月

目録

前言

這是一本再版書。三十六年前，也就是一九七九至一九八〇年間，我們鑒於《唐太宗李衛公問對》（亦有作《唐李問對》或稱《對問》者，以下簡稱《問對》）在軍事史上所具有的獨特的學術價值，決定對它進行校勘和注釋。我們認爲《問對》在中國軍事學術史上是一部承上啓下的富有里程碑意義的著作，它完整系統地梳理了自兵學鼻祖孫武子《孫子兵法》以來所提出的兵家源流、兵學流派，尤其是兵學理論，在許多古代兵法問題上起到了燭幽洞微、指明方向的作用。

唐太宗李世民和衛國公李靖不是一般的人物，而是中國歷史上傑出的軍事家，一位是奠基立業的馬上皇帝，深諳兵家韜鈐之術；一位是戰功卓著的開國元勛，軍事著述頗豐。他們相識相知，心有靈犀，常在一起討論軍事問題，總結歷代用兵經驗，檢討戰陣得失，留下了一筆豐厚的軍事遺産。《問對》即是他們君臣討論軍事問題的言論輯録，且内涉機密，如對李勣的明黜暗用。這樣一部言論輯録便成了絶密文件，久藏宫中。那麽它是什麽時候披露於世的呢？史無明載。如果作爲一種猜測，而不是結論，或許是在黄巢攻入長安之後，「内庫燒爲錦繡灰，天街踏盡公卿骨」的亂世之中流出皇宫，散落民間。據考，宋初即有「兵法七書」存世，這就是説，早在宋神宗欽定《武經七書》之前的百年左右即有它的前身《兵法七書》。李靖的軍事思想對宋代影響可謂深入廣泛，這從《宋史·兵志》披露的史料足以爲證。

《問對》是一部以傳統的問答體寫成的兵書，分上中下三卷，共九十八次問答（上卷四十，中卷三十三，下卷二十五），一萬零三百餘字。據清人江標《宋元本行格表》載，宋時即有單行本及《武經七書》合刻本行世（《宋元本行格表》卷上，十行欄指出：「宋本《武經七書》行十九字」；「宋刊本《李衛公問對》行二十字，三卷」）。

一

我國古代的兵書，以北宋神宗頒定的《武經七書》著稱於世，《問對》便是其中之一。《問對》雖然列於武經，但是關於它的成書問題，却遭到了後世一些文人的非難。他們的非難，關係着對這部兵學典籍的歷史價值的評定，是不能不予以討論的。

有一種意見是易於辨識的。明朝胡應麟在《四部正訛》中，以《問對》文辭淺近便認爲它是一部無足輕重的僞書。他説：「其詞旨淺陋猥俗，兵家最亡足采者……當是唐末、宋初俚儒村學綴拾貞觀君臣遺事、杜佑《通典》原文，傅以閭閻耳口。武人不知書，悦其俚近，故多讀之。」從辨僞學上説，胡氏這番以文人自傲、輕視軍人的言詞，純屬臆測之言，顯然不能成立；從軍事學上説，胡應麟完全是軍事上的門外漢，言不及義。因爲自宋朝以來的有識學者都給予《問對》以很高的評價。明朝鄭瑗《井觀瑣言》引南宋戴少望《將鑒論斷》之語説：《問對》「興廢得失，事宜情實，兵家術法，燦然畢舉，皆可垂範將來」。這既是褒揚之詞，也是公允之論。

關於《問對》真僞的公案，要害的證據是北宋陳師道和何薳交相提出的阮逸僞託説。陳師道在《後山談叢》中説：「世傳王氏《元經薛氏傳》、關子明《易傳》、李衛公《對問》，皆阮逸所著。逸以草示蘇明允（按指蘇洵），而子瞻（按指蘇軾）言之。」其後，何薳在《春渚紀聞》中又作了進一步的證實。他説：「先君（按指何去非）爲武學博士日，被旨校正武舉孫、吴等七書。先君言《六韜》非太公所作，内有考證處，先以禀司業朱服。服言此書行之已久，未易遽廢也。又疑《李衛公對問》亦非是。後爲徐州教授，與陳無己（按指陳師道）爲交代。陳云嘗見東坡先生言：世傳王氏《元經薛氏傳》、關子明《易傳》、李衛公《對問》，皆阮逸著撰，逸嘗以草示奉常公（按指蘇洵）也。」

陳師道與何薳的披露在細節上雖各有不同，但都説明是蘇洵見過阮逸的僞作草稿，而由蘇軾把這一情況透露給陳師道的。爲了查清這一公案，我們查閲了朱服、阮逸、蘇洵、何去非、蘇軾等人的有關資料和著作，均没有發現證明僞作的文字記載，倒是看到有力的反證：何去非在所著《何博士備論》中，幾次稱引《問對》，並由衷地贊嘆説：「李靖，談兵之雄者也！」全然看不出他對《問對》有什麽懷疑之處。何去非「善論兵」，「筆勢雄健，閲視高遠」，深得蘇東坡賞識。蘇東坡幾次嚮朝廷舉薦何去非，元祐四年，還特别以《進何去非〈備論〉狀》爲題，上書哲宗皇帝，言辭懇切地説：「若不如所舉，臣甘伏朝典。」對《備論》的激賞之情，實屬罕見。當然，如果我們深入考察一下《武經七書》的頒佈過程，就更可看出《問對》是阮逸僞託的説法不過是以傳言爲據的不實之説，不足爲訓。

我們發現，在關於《問對》的辨僞諸書中，有的把「衛公兵法」（或稱「李靖兵法」）當作了一部如同《孫子兵法》、《吴子兵法》一樣的獨立的兵書。例如清朝汪宗沂是以輯佚名世，又是專門研究李靖兵法的學者之一。他在對「衛公兵法」的理解上有撲朔迷離之嫌。他在《衛公兵法輯本自序》中説：「有宋之初纂《御覽》也，其援引書目即有《衛公兵法》矣。……《衛公兵法》單行之本宋初尚有存者，然初未刊行，故至元豐間已不傳也。」由於把「衛公兵法」與《問對》當作兩部獨立的兵書，於是就在辨僞時陷入了迷途，自難得到正確的答案。例如，清朝姚際恒在《古今僞書考》中説：「今世傳者當是神宗時所定本，因神宗有『武人將佐不能通曉』之詔，故特多爲鄙俚之詞。」他就把「李靖兵法」與《問對》混爲一書了。

因爲，宋神宗發佈了兩個詔令，一個是校正李靖兵法，這一任務賦予了屬於軍隊系統的樞密院；一個是校正《七書》，這一任務則賦予了當時的最高學府國子監。

關於校正李靖兵法，神宗在熙寧八年（一〇七五）甚至更早一些時間曾向主管軍事的樞密院下詔令説：「唐李靖兵法，世無完書，雜見《通典》，離析訛舛。又官號物名與今稱謂不同，武人將佐多不能通其意。令樞密院檢詳官與王震、曾收、王白、郭逢原等校正，分類解釋，令今可行。」（《宋史·兵志九》）這道詔令中所説的「李靖兵法」，乃是泛指李靖所著的幾部兵法。據《宋史·藝文志》記載，李靖的兵法就有七部之多：

《陰符機》一卷

《韜鈐秘術》一卷
《韜鈐總要》三卷
《衛國公手記》一卷
《六軍鏡》三卷
《兵鈐新書》一卷
《弓訣》一卷

這些兵書，不僅今天大都看不到了，而且早在神宗時就已經「世無完書」。「李靖兵法」不是特指李靖的某一部兵法，還可從宋朝張預的稱引中得到證明。他在《宋本十一家注孫子》中曾以大量的《問對》之文解説《孫子》。如：「故衛公兵法云：『兵散則以合爲奇，兵合則以散爲奇。三令五申，三散三合，復歸於正焉。』」（見《宋本十一家注孫子·軍争篇》「以分合爲變者也」句張注）

校正《武經七書》，則是元豐三年（一〇八〇）神宗的另一道詔令。據《續資治通鑑長編》卷三百三載：「元豐三年四月乙未（初二日），詔校定《孫子》、

《吴子》、《六韜》、《司馬法》、《三略》、《尉繚子》、《李靖問對》等書，鏤版行之。」神宗頒佈《武經七書》的目的是爲了軍事教育，所謂「既命立武學、校《七書》以訓武舉之士」（《宋史·兵志九》）。創辦武學，據《宋史·神宗本紀》説是熙寧五年（一〇七二）六月乙亥（二十七日），「置武學」。這就是説，從創立武學到校刊七書，大約相距八年之久。從時間上看是符合情理的。

其實，早在神宗熙寧七年三月，知制誥王益柔就曾嚮皇帝舉薦本朝人麻皓年整理的唐李靖《對問》（即《問對》）「乞加試用，從之」。足證《問對》成書由來已久，非爲阮逸僞託之明矣！

那麽所謂阮逸僞託説是什麽時候提出來的呢？《春渚紀聞》明確説，是何去非接任陳師道的徐州教授時。何去非，正史無傳略可考，但陳師道爲徐州教授則在元祐（一〇八六—一〇九四）初年。《宋史·陳師道傳》載：「元祐初，蘇軾、傅堯俞、孫覺薦其文行，起爲徐州教授，又用梁燾薦，爲太學博士。」陳師道調國子監任太學博士，何去非由國子監武學博士對調爲徐州教授。顯而易見，阮逸僞託説的提出，已晚於《武經七書》的正式頒佈近十年左右的時間。

從以上對《武經七書》的頒佈過程的叙述可以看出兩點：第一，被贊譽爲「留心武備」（《宋史·兵志九》）的宋神宗，頒發《武經七書》，目的在於作爲考選、訓練、指導軍官的武學經典，是軍隊建設上的一個創舉，宋朝政府是嚴肅對待、認真施行、隆重頒佈的。誰能相信，在宋朝君臣悉心探究兵法、組織專人校定《武經》、匯編《武經總要》（《武經總要》，曾公亮主編，北宋官修的兵學巨著）、創辦「武學」（軍事學校）的情況下，竟會把當朝人阮逸［阮逸，《宋史》無傳。我們只知道他是宋仁宗天聖（一〇二三—一〇三一年）時進士，皇祐（一〇四九—一〇五三年）以後還做過屯田員外郎。假定他是三十歲於天聖末年中進士，那麼，神宗詔定《七書》時，他不過古稀之年］僞託的贋品堂而皇之地列爲武經，公開作爲全國武學的教科書？

第二，國子監是全國的最高學府，朱服等人都是飽學名儒。阮逸即使僞託，可能騙得後世，豈能騙過這些鴻儒的慧眼？即使騙過私人，豈能騙過官方？

從當時政治形勢看，校定《七書》正是王安石實行新政在軍事領域中的表現。後來王安石去職,宋神宗病逝,蘇軾及其門人何去非這些守舊勢力擡頭,攻擊神宗的新政,而指《問對》爲僞託,難道不可以與這一政治氣候聯繫起來思考嗎?

還要看到,「重文輕武」的社會風氣對於能否正確評價《問對》起到了很大的作用。此風肇自唐代中後期,盛熾於宋。官場上,有人寧做低職文官也不肯就任高職武官;士人中,争以儒雅相矜尚,有誰喜歡軍事,研習兵書,便會被視爲怪異人,不與爲伍。鄙薄軍事,卑視兵書,在文人中,幾成通病。兵家經典《孫子》、《吴子》竟被稱爲「盜術」(陳師道語),《問對》之横遭詆毁,也就毫不奇怪了。二蘇、陳師道、何去非父子以及葉適、陳振孫便是這一批宋儒的代表。他們的言論嚴重影響了對包括《問對》在内的《武經七書》的評價和傳播,造成了很不好的後果。

表面上看,阮逸僞託説是事出有因,查無實據,其實,它是空穴來風。此風頗有些像當下網絡微信之不負責任地製造謡言。

試想,一個當朝的名儒阮逸僞造了一部《問對》呈獻皇上作爲軍事經典頒行天下,結果,發現是僞書,宋神宗能容忍嗎? 非把阮逸滅族不可,非把所有相關人員治罪不可，非把《問對》删除《武經七書》之外不可！

關於《問對》真僞問題，華中師範大學張固也教授、空軍航空大學講師王斌曾撰文《阮逸僞託〈李衛公問對〉説質疑》（見《中國典籍與文化》二〇一〇年第一期），言之有據，駁之有理，值得一讀。

至於有人見到《問對》書中稱李世民爲「太宗」，稱「李世勣」爲「李勣」，還有唐高宗時才出現的「安北都護」，便要據此三條證明《問對》是僞書。此論怕是難以服人。古代典籍傳鈔翻刻過程中，遭到後人增删及至「手民誤植」的事，可謂屢見不鮮，必須謹慎從事。比如銀雀山漢墓竹簡本《孫子》有「燕之興也，蘇秦在齊」等語，顯見是後人竄入的錯簡，絶不能依此斷言《孫子》乃戰國末年的作品！

退一萬步説，即使蘇洵真的見到阮逸僞託的草稿，但也不能由此證明官頒的《問對》就是阮逸的僞託。清朝姚際恒看出了這個破綻，指出：「若阮逸所撰，當不爾。意或逸見此書，未慊其志，又别撰之。而世已行此書，彼書不行歟？」（《古今僞書考》）元朝馬端臨早就認爲：「既明見於國史，則非逸之假託也。」（《文獻通考》卷二二一《經籍考》卷四八）

總之，阮逸僞託説是不能成立的。

二

《問對》是一部涉獵較爲廣泛、具有獨特構思和風骨的兵學名著。從書中内容看，唐李君臣這次談話不是一次完畢的，是多次談話的記録整理。從它開篇就劈頭提出準備用兵高麗看，談話時間最早不會超過唐朝第一次出兵高麗——公元六四四年。從公元六二七年到公元六四九年，是唐太宗統治的貞觀年代。具有雄圖大略的唐太宗，在全國統一之後，以隋爲戒，從政治、經濟、軍事、文化等各個方面采取了一系列勵精圖治的改革措施，出現了興盛富强的「貞觀之治」。

爲了鞏固和强化統治，唐太宗君臣經常探討、總結歷史經驗和教訓。一部《貞觀政要》大量記録了他們君臣的言論，反映出他們爲鞏固自己既得利益的長遠考慮。《問對》正是從軍事上反映出唐太宗對歷史經驗的總結，其目的同樣是爲着服務於内政、外交的需要。而「臨機果，料敵明」（《新唐書·李靖傳》），具有革新思想的李靖，正是唐太宗所賴以諮詢的人選。

唐太宗君臣問對雖然涉及了十分廣泛的軍事問題，但中心内容只是作戰和訓練兩個方面。《問對》在軍事學術的闡述上有其獨特的思想結構，我們不應以現代的思想去範圍它。其指導思想是，必須先知攻守兩齊之法，然後知奇正；先知奇正相變之術，然後知虚實。這一思想是貫穿《問對》的一條主綫。這一點，《四庫全書總目》看到了，並作了鞭辟近裏的概括：「其書分别奇正，指畫攻守，變易主客，於兵家微意時有所得。」

由於《問對》是問答體，故話題錯落散漫，或斷或連。我們試依其脈絡，尋繹其意，分爲以下三點，逐一概述之。

（一）關於攻防原則的論述

進攻和防禦是戰争中最基本的矛盾。對此，《問對》有一個著名論斷：「攻是守之機，守是攻之策，同歸乎勝而已矣。」認爲進攻是防禦的轉機，防禦是進攻的手段，兩者都是爲了争取勝利，不可分割。這就正確闡明了攻防兩者相互依存的辯證關係。它還指出：「攻守一法，敵與我分爲二事。若我事得，則敵事敗；敵事得，則我事敗。得失成敗，彼我之事分焉。攻守者一而已矣，得一者百戰百勝。」這就進一步從敵我兩方的攻守得失闡明了進攻和防禦是對立的統一。敵我雙方總是分爲一攻一守兩個方面。我方如果正確運用攻防原則，敵方就會失敗；敵方如果正確運用攻防原則，我方就會失敗。能否正確運用攻防原則，把握兩者的辯證關係，就決定了雙方一勝一敗的結果。

《問對》關於進攻的論述，有一個打破敵人企圖的觀點是值得一提的。它説：「夫攻者，不只攻其城擊其陣而已，必有攻其心之術焉；守者，不只完其壁堅其陣而已，必也守吾氣以有待焉。」這裏的「攻其心之術」，講的就是打破敵人企圖的方法。它認爲這是首要的，不能把進攻單純地看成是攻城掠地；同時，它也談到，也不能把防禦單純地看作保守城池，而應當把保持我軍旺盛的士氣放到首位，待敵之隙而攻之。它的結論是：「夫攻其心者，所謂知彼者也；守吾氣者，所謂知己者也。」

基於對攻防原則的正確認識，《問對》對《孫子》「守則不足，攻則有餘」這一命題作了獨特的解説。它説：「守則不足，攻則有餘，便謂不足爲弱，有餘爲强，蓋不悟攻守之法也。臣按《孫子》云：『不可勝者，守也；可勝者，攻也。』謂敵未可勝，則我且自守；待敵可勝，則攻之耳。非以强弱爲辭也。」這是不同於《孫子》注家們的傳統看法的，其後的注家們也很少注意到它的獨特理解。

《問對》爲了適應當時軍事鬥争的需要，比較多地論述了進攻作戰的指導原則。可貴的是，它還對防禦作戰的指導原則作了精闢的論述。首先它肯定了范蠡的觀點：「後則用陰，先則用陽。盡敵陽節，盈吾陰節而奪之。」意思是説：後發制人是用潛力，先發制人是用鋭氣。最大限度地挫敵鋭氣，最高程度地發揮我方潛力，奪取勝利，這就是軍事家運用潛力和鋭氣的奥妙。《問對》這一防禦作戰的思想，就含有先讓一步、後發制人的積極防禦的樸素性質，是值得肯定和稱道的。

這一後發制人的思想，還可以從輯本《衛公兵法·兵謀》中得到印證：「兵之情雖主速，乘人之不及，然敵將多謀，戎卒欲輯，令行禁止，兵利甲堅，氣鋭而嚴，力全而勁……若此，則當卷迹藏聲，蓄盈待竭，避其鋒勢，與之持久。」這同樣是積極防禦的樸素而正確的表述，是弱軍戰勝强軍、劣勢裝備戰勝優勢裝備的勝敵之術。因爲面對兵力强大、裝備精良、訓練有素的强敵進攻，爲了保存軍力，待機破敵，就應當隱蔽企圖，不露聲息，養精蓄鋭，避敵鋒芒，與之持久，待敵我强弱易勢之後，再求決戰殲敵，奪取勝利。

無論進攻或者防禦，關係勝敗的核心問題是奪取戰争的主動權，處於有利的作戰態勢。這個問題，就是《問對》中一再提到的主、客關係。它説：「較量主客之勢，則有變客爲主、變主爲客之術。」即是説，比較和估量有利與不利的戰場態勢，就有改變我們的不利態勢爲有利態勢、改變敵人有利態勢爲不利態勢的方法。它舉例説：「因糧於敵，是變客爲主也（變我之不利爲有利）；飽能飢之，逸能勞之，是變主爲客也（變敵有利爲不利）。」它認爲：「故兵不拘主客遲速，惟發必中節，所以爲宜。」問題不在於處於何種戰場地位，關鍵在於措施恰到好處，抓住關鍵，牢牢掌握「致人而不致於人」的主動權。這些軍事格言，至今仍不減其光澤。

（二）關於奇正相變之術

從《宋史·兵志》中可以清楚地看到，宋朝君臣十分重視李靖在奇正問題上的學術成就，宋神宗明確肯定「靖深曉此術」（《宋史·兵志九》），並曾明令軍中研究方陣的九軍陣與李靖創製的圓陣六花陣。李靖行軍作戰的軍事思想在宋朝軍隊中受到極大的重視。奇正，在《問對》中佔有很大的比重，内容最充分，論述最完備，分析最透闢，我們有必要對這個問題作一點比較詳細的介紹。

奇正是古代軍事學術中十分重要的一個命題。《老子》曾提出：「以正治國，以奇用兵。」治國理政用正道，克敵制勝用詭道。《孫子》則從軍事上進一步闡發説：「凡戰者，以正合，以奇勝」，「戰勢不過奇正，奇正之變，不可勝窮也」。宋朝人王晳在《孫子注》中説：「奇正者，用兵之鈐鍵，制勝之樞機也。」足見奇正在軍事上具有何等的重要性。但是，《孫子》只停留在用日月、四時、五聲、五色、五味的變化多端，來譬喻奇正的變化也是「無窮如天地，不竭如江河」，未能對奇正的概念規定一個確切的含義。對此，後人又進行了許多的探索。《孫臏兵法》有《奇正篇》專論奇正，認爲「形以應形，正也；無形而制形，奇也」（意爲用常規戰法對付常規戰法爲正，用臨機制變的戰法對付常規戰法爲奇），又説「是以静爲動奇，佚爲勞奇，飽爲飢奇，治爲亂奇，衆爲寡奇，發而爲正，其未發者奇也」。它的論述甚爲精闢，明確指出了奇正是一個「戰勢」問題，指揮作戰必須因勢利導，因敵制變。「以異爲奇」，用不同於常法的變法爲「奇」，這是《孫臏兵法》關於奇正的重要命題。孫臏之後，還有各種解説，例如，《尉繚子》説：「正兵貴先，奇兵貴後。」曹操《孫子注》説：「正者當敵，奇兵從旁擊不備也。」南宋梅堯臣在《十一家注孫子》中説：「動爲奇，静爲正。」這些解説，無疑把《孫子》關於奇正的概念具體化了一步。然而真正對奇正的本源進行闡述，並從理論上加以繫統叙述和發揮的則是《問對》。現分爲三點逐一叙述之。

第一，奇正是關於方陣隊形變换的戰術問題。《問對》在闡述《握奇經》「經曰：八陣，四爲正，四爲奇」時，説：「按黄帝始立丘井之法，因以制兵。故井分四道，八家處之，其形井字，開方九焉。五爲陣法，四爲閑地，此所謂數起於五也；虚其中，大將居之，環其四面，諸部連繞，此所謂終於八也。」這就告訴我們，這個五陣是由前、後、左、右、中五個小方陣排列而成的大方陣。其兵力配置略如下圖所示：

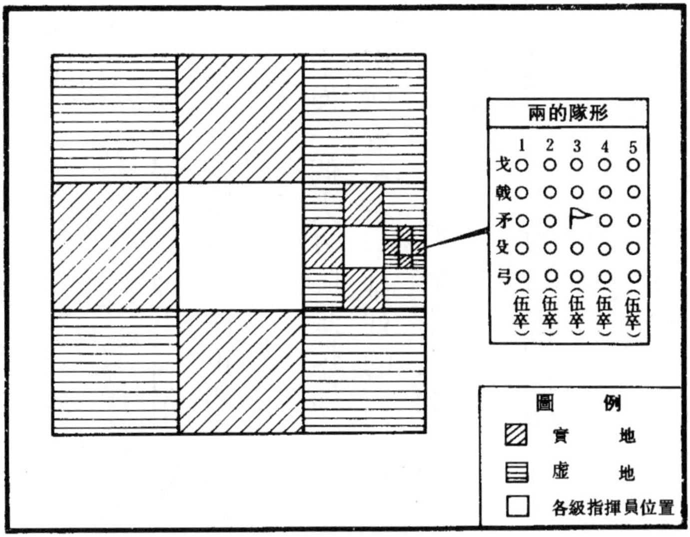

五陣兵力配置圖

兩的隊形

	1	2	3	4	5
戈	○	○	○	○	○
戟	○	○	○	○	○
矛	○	○		○	○
殳	○	○	○	○	○
弓	○	○	○	○	○
	（伍卒）	（伍卒）	（伍卒）	（伍卒）	（伍卒）

圖例

實地

虛地

各級指揮員位置

五陣的中央爲將領的指揮位置，前後左右即戰鬥部隊的位置，稱爲「陣地」或「實地」；在戰鬥部隊之間的間隙地帶，稱爲「閑地」或「虛地」。在「實地」作戰的部隊就是「正兵」；利用「虛地」實施機動的部隊就是「奇兵」。四塊「實地」的部隊在方陣中央的將領指揮下，利用四塊「虛地」實施機動，就是《握奇經》説到的「四正四奇」。懂得了「四正四奇」，也就懂得了五陣可以變換爲八陣，「四正四奇而八陣生焉」。

從上圖還可以看到，不僅一個大方陣是按前後左右中排列，而且每個小方陣（前後左右）内部也是按前後左右中排列的。這就是所謂「陣間容陣，隊間容隊」。一個大方陣包括多少小方陣，將由整個方陣的人數和序列的多少而定。其最基礎的戰術單位是伍卒。

《問對》關於奇正在方陣中的戰術變化的闡述，使我們生動而具體地明確了《孫子》所説的「奇正之變，如循環之無端，不可勝窮也」確非虛語。

第二，奇正是關於兵力使用的指揮問題。

戰争是發展的，奇正的内涵也在不斷地豐富、補充和發展。在《問對》關於奇正的討論中，如何靈活使用兵力的問題佔有很重的分量。兵力使用，有戰略範疇和戰術範疇的區分。古代没有戰略、戰術這種概念，因而也没有這種科學的區分。但是，我們用今天的眼光，是可以區分出《問對》所涉及的問題屬於何種範疇。例如它關於唐攻高麗只能使用「正兵」的論述就是屬於戰略範疇，因爲進行深遠距離的戰略奇襲（奇兵），是難以達到目的的。而《問對》關於霍邑之戰的討論，就是從戰術範疇研究奇正的運用。

從使用兵力上來研究奇正，《問對》做出了新的探索。它肯定了曹操在《孫子注》中關於奇正的一種解説：「己二而敵一，則一術爲正，一術爲奇；己五而敵一，則三術爲正，二術爲奇。」這就明確了正兵與奇兵的關係，是主要兵力與次要兵力的關係，是主攻方向與助攻方向的關係，是主要防禦方向與次要防禦方向的關係……。明乎此，才不致對奇正在兵力使用上的認識墜於煙雲，迷失方向。

我們知道，《孫子》有句名言：「凡戰者，以正合，以奇勝。」對此，《問對》作了大膽的發揮，認爲只要善於「示形」，奇與正是可以互相轉化的，奇正的運用是没有現成方案和預先刻板的規定可遵循的。它痛感那種只知道「以奇爲奇，以正爲正」、呆板死用兵法的人是不足談兵的。因此，它提出了一個著名的論斷：「善用兵者，無不正，無不奇，使敵莫測，故正亦勝，奇亦勝。」這就發展了《孫子》的奇正學説。

《問對》强調指出，靈活使用兵力不是從演習場上所能學到的，必須在戰場上根據千變萬化的戰場情況「臨時制變」，慧心獨創。所以，唐太宗慨嘆地説：「奇正，在人而已，變而神之，所以推乎天也。」

第三，《問對》把奇正同虚實、示形、分合緊密地結合起來闡述，努力探求它們之間的内在聯繫，這是前無古人的。

綜觀全書，我們清楚地看到，唐太宗與李靖的討論，出於其特定歷史條件的要求，着重在進攻作戰的研究，圍遶着如何「變客爲主，變主爲客」，如何使「敵勢常虚，我勢常實」，如何「致人而不致於人」，一句話，如何才能處於優勢、主動的戰場態勢，進行了多方面的探索。

《問對》在討論奇正是造成主動地位的方法時，首先注意到奇正同虚實之間的關係。它説：「『不知以奇爲正，以正爲奇』，不知虚實。」又説：「奇正者，所以致敵之虚實也。敵實，則我必以正；敵虚，則我必以奇。」也就是説，已經察明的敵人防禦薄弱之處（敵虚），應是我之主攻方向，就要集中兵力（把正兵變爲奇兵）予以攻擊，而讓次要兵力（把奇兵變爲正兵）策應主攻方向奇兵的作戰。

没有欺騙，出奇制勝是不會成功的。機動的成功在很大程度上依賴於巧妙的僞裝和欺騙。給敵以假象，而將真實企圖和行動隱蔽起來，《孫子》謂之「示形」。《問對》很注重示形同奇正的關係。它説：「故形之者，以奇示敵，非吾正也；勝之者，以正擊敵，非吾奇也。此謂奇正相變。」這種運用示形達到出奇制勝的方法，目的是要造成敵人的錯覺和不意。它説：「以奇爲正者，敵意其奇，則吾正擊之；以正爲奇者，敵意其正，則吾奇擊之。」運用伏兵突然擊敵，是它關於隱蔽企圖、示形於敵之一法。它説：「兵伏者，不止山谷草木伏藏所以爲伏也，其正如山，其奇如雷，敵雖對面，莫測吾奇正所在。」示形的運用，涉及的範圍相當廣泛，即使蕃、漢之兵一旦遇敵，也可采取「臨時變號易服，出奇擊之」，達到殲敵的目的。

《問對》在論述奇正同分合的關係時指出，軍隊行動要「有分有聚，各貴適宜」，「兵散，則以合爲奇；合，則以散爲奇。三令五申，三散三合，然復歸於正」。正兵變奇，奇兵變正，分於所該分，合於所當合。

（三）關於陣法訓練的論述

《問對》鑒於過去「亂軍引勝，不可勝紀」的歷史教訓，提出從實戰的要求出發，提高官兵的軍事素養，達到在戰鬥中「鬥亂而法不亂」，「形圓而勢不散」，「絶而不離，却而不散」。它認爲，訓練有素的軍隊是制勝的重要因素。因此，它很講究訓練的方法，認爲「教得其道，則士樂爲用；教不得法，雖朝督暮責，無益於事矣」。爲此，它提出了由伍法而隊法而陣法的訓練程序。這種由單兵到多兵、由小部隊到大部隊的由淺入深、循序漸進的訓練原則無疑是十分正確的。它還注意到訓練要根據部隊的不同特點，區別對待，揚長避短。比如，「蕃長於馬，漢長於弩，因此，「漢戍宜自爲一法，蕃落宜自爲一法，教習各異，勿使混同」。

李靖是六花陣的創立者。宋神宗之所以要把校正李靖兵法的任務賦予樞密院，其目的就是要探求李靖的六花陣，以適應部隊演練陣法的需要。所以，王震、郭逢原在承擔校正李靖兵法的同時，又奉神宗之命與樞密院副都承旨張誠一、入内押班李憲，「行視寬廣處，用馬步軍二千八百人教李靖營陣法」（《宋史·兵志九》）。張誠一用兩萬部隊分爲七軍，演練六花陣。從結果看，没有達到預期的目的。熙寧八年（一〇七五）二月，宋神宗嚴厲地批評了這件事：「見校試七軍營陣，以分數不齊，前後牴牾，難爲施用，可令見校試官摭其可取者，草定『八軍法』以聞。」（《續資治通鑑長編》卷二百六十）同年八月，在荆家坡舉行的大規模閲兵，用的是八軍陣，而不是七軍陣。

七軍陣就是六花陣。對於六花陣，其具體的陣圖已不可考。明清以來雖有人振振有詞地講説六花陣，甚至繪出陣圖，但是，均難置信。北宋政府以其當時的各種有利條件尚且未能探究六花全貌，以致前功盡棄，最後還是按五陣法教閲部隊（《宋史·兵志九》載，神宗下詔：「已降五陣法，令諸將教習，其舊教陣法並罷。」）六花陣的具體陣圖雖不可考，但其大要還是清楚的。較爲完整的解釋，就是宋神宗的一次口諭：「六花陣即七軍，七軍者圓陣也。蓋陣以圓爲體，方陣者内圓而外方，圓陣即内外俱圓矣。故以方圓物驗之，則方以八包一，圓以六包一，此九軍六花陣之大體也。」（《宋史·兵志九》）這就把六花陣與八軍陣爲什麽分别是七軍和九軍及其區别簡明地廓清了。

《問對》在它那個時代，不可避免地表現出統治階級的偏見和時代的局限，糟粕的存在也是明顯的。例如對李勣的明黜暗用，完全是欺騙籠絡的權術；公開主張用天官、時日等迷信東西去欺騙士卒，所謂「詭道可使由之，不可使知之」，更是愚兵的政策。

以上對《問對》的介紹，當然没有包括它的全部内容。我們只不過就其突出的特點作了一點膚淺的分析，用意只是藉以説明它是一部值得研究和借鑒的古代兵書。但是，自從它在北宋神宗時期列爲《武經七書》之一以後，屢經刊刻，文字有不少奪誤。我們對它進行了校勘和注釋。

三

我們這次的校注工作，是以一九三五年上海商務印書館影印的日本静嘉堂藏南宋浙刻本《武經七書》爲底本（簡稱「影宋本」），使用了以下幾個本子進行校勘，即：明嘉靖癸丑（一五五三）年翁某刊行的《武經七書》本（簡稱「翁本」），明萬曆辛巳（一五八一）年刊行的太原劉寅《武經七書直解》本（簡稱「劉本」），明天啓辛酉（一六二一）年刊行的王陽明批注本（簡稱「王本」），明天啓辛酉年刊行的茅元儀《武備志》本（簡稱「茅本」），一八六一年日本刊訂的張居正批注本（簡稱「張本」），清康熙庚辰（一七〇〇）年刊行的懷山園《武經七書》本（簡稱「懷本」）（關於《問對》的版本，陸心源《皕宋樓藏書志》謂有宋刊單行本三卷行世，但只見著録，未見其書，不知是否散佚）。此外，還使用宋本《十一家注孫子》作了參校。校理原則是：底本顯誤，從諸本（或原出處）改，作記；底本與諸本並誤，據有關著作校改，作記；對某些作此亦可、作彼亦可的無關緊要的虚詞之類，一般從底本，特殊者根據上下文意，或參照有關著作進行校改，作記。此外，我們對原文分了段，並按每卷段落順序加上了序號。

爲了便於讀者深入地瞭解和研究《問對》，我們對一般讀者不易瞭解的古代軍事術語、戰例、陣法以及人物、地名之類作了簡要的注釋。同時，我們還摘録了前人談及《問對》的文字若干條，以及《舊唐書》的《太宗本紀》、《李靖傳》，附於書後，供讀者參考。

在校注過程中，承蒙中華書局給予我們很多的幫助，謹在此表示謝意。

由於我們學植薄劣，校注中錯誤不當之處在所難免，敬希廣大讀者批評指正。

吴如嵩　王顯臣

一九八〇年五月一日於北京

二〇一六年五月重訂於北京

李衛公問對卷上

一

太宗曰：「高麗數侵新羅〔一〕，朕遣使諭〔二〕，不奉詔，將討之，如何？」

靖曰：「探知蓋蘇文自恃知兵〔三〕，謂中國無能討，故違命。臣請師三萬擒之〔四〕。」

太宗曰：「兵少地遥，以何術臨之？」

靖曰：「臣以正兵。」

太宗曰：「平突厥時用奇兵〔五〕，今言正兵〔六〕，何也？」

靖曰：「諸葛亮七擒孟獲〔七〕，無他道也，正兵而已矣。」

太宗曰：「晉馬隆討凉州〔八〕，亦是依八陣圖〔九〕，作偏箱車〔一〇〕。地廣，則用鹿角車營〔一二〕；路狹，則爲木屋施於車上，且戰且前。信乎，正兵古人所重也！」

靖曰：「臣討突厥，西行數千里。若非正兵，安能致遠？偏箱、鹿角，兵之大要：一則治力〔一三〕，一則前拒，一則東部伍，三者迭相爲用。斯馬隆所得古法深矣！」

校注

〔一〕高麗：朝鮮古國，即高句麗，亦作高句驪，或省作句驪、句麗。唐代時都平壤，位於今朝鮮半島北部及其附近地區。

新羅：朝鮮古國。位於今朝鮮半島東南部，北鄰高句驪，西接百濟。約在公元六世紀初，朝鮮半島出現高句麗、百濟、新羅三國並立的局面。

〔二〕諭：這裏特指皇帝的詔令，用作動詞，諭示、曉諭的意思。

〔三〕蓋蘇文：又號蓋金，姓泉氏，任高麗國「莫離支」（相當於唐朝兵部尚書）後，聯合百濟，屢攻新羅。

知兵：兵，原指兵器，引申爲兵法、軍事。這裏的「知兵」，即懂得戰陣之事。

〔四〕師：軍隊，用作動詞，率領。

〔五〕平突厥：突厥，我國古族名。公元六世紀時，遊牧於金山（今阿爾泰山）一帶。隋開皇二年（公元五八二年）分爲東突厥和西突厥兩部。唐貞觀三年（公元六二九年）十一月，唐太宗命兵部尚書李靖爲定襄道行軍總管，與各部唐軍出擊東突厥。次年正月，李靖率輕騎三千經馬邑（今山西朔州市朔城區），夜襲定襄（今内蒙清水河縣境），大破東突厥軍。頡利可汗隻身逃往鐵山（今内蒙白雲鄂博），糾集餘衆數萬，企圖向唐僞降，伺機東山再起。李靖決定乘頡利與唐朝使臣唐儉談判之機，實施突然襲擊。二月，李靖挑選精騎一萬，携帶二十日糧，在鐵山一帶乘霧突襲，斬敵萬餘人。不久，頡利可汗被俘獲，東突厥至此平定。

〔六〕奇兵、正兵：古代軍事學術語，含義甚爲廣泛。一般地説，以變化莫測的作戰手段，實施出敵意外攻擊的軍隊就是奇兵；而采用正常戰法進行軍事行動的軍隊就是正兵。例如，擔任正面進攻的爲正兵，擔任迂迴包圍的爲奇兵；警戒守衛的爲正兵，集結機動的爲奇兵；主攻方向爲正兵，助攻方向爲奇兵，等等。

〔七〕諸葛亮七擒孟獲：諸葛亮（一八一——二三四），字孔明，東漢琅琊郡陽都（今山東沂南南）人，三國時蜀漢政治家、軍事家。公元二二五年，諸葛亮從四川兵分三路進攻南中（今雲南、貴州及四川大渡河以南地區），采取「攻心爲上」的策略，史稱對彝族首領孟獲七擒七縱，最後使孟獲甘心歸附。孟獲後仕蜀，任御史中丞。

〔八〕晉馬隆討凉州：「討」原作「計」，形誤，據各本改正。

馬隆，字孝興，西晉武帝（司馬炎）時將領。晉武帝正準備發動滅亡吴國（首都建業，今江蘇南京）的戰争時，鮮卑首領樹機能率兵攻佔凉州（今甘肅黄河以西地區），殺刺史楊欣，威脅西晉後方安全。公元二七九年春，晉武帝以馬隆爲討虜護軍、武威太守，募兵征討樹機能。馬隆招募勇丁三千五百人，配以精良的裝備。十一月，晉軍西渡温水（今甘肅武威東温圍水）同樹機能軍戰於山地。樹機能率軍萬餘，或據險阻擊於前，或設伏截擊於後，阻止晉軍。馬隆根據山地作戰的特點，結成偏箱車陣（詳見注一〇），且戰且前，推進千餘里。十二月同樹機能軍主力進行决戰，斬樹機能，平定了凉州。

〔九〕八陣圖：諸葛亮創制的一種攻防兼備的陣法。它用縱横排列的六十四個戰術單位合成一個大方陣，陣後設二十四隊遊騎，機動配合大方陣作戰。這是我國冷兵器時代最典型的集團方陣。

〔一〇〕偏箱車：亦作扁箱車。一説，即有扁平車箱的戰車，其車上設備可因地形寬狹而加以改變。一説，即設置一箱的小車。《明經世文編·戰陣議》卷七十四釋馬隆偏箱車云：「自古車有兩箱，而此車獨以偏箱名，則其偏爲一箱，可以意推矣。蓋大箱者大車也，一箱者小車也。惟其車之小，故可行於狹隘之地，而且戰且前焉。」當以後説爲是。

〔十一〕鹿角車營：即以偏箱車首尾相接，圍作一圈，架槍刀於車上，鋒刃向外，以爲防禦之物，因其形似鹿角，稱鹿角車營。

〔十二〕治力：語出《孫子·軍争篇》：「以近待遠，以逸待勞，以飽待飢，此治力者也。」意謂：以自己部隊的接近戰場等待敵人的遠道而來，以自己部隊的養精蓄鋭等待敵人的疲勞沮喪，以自己部隊的糧足食飽等待敵人的飢餓乏糧，這就是掌握部隊戰鬥力的方法。

二

太宗曰：「朕破宋老生〔一〕，初交鋒，義師少却〔二〕。朕親以鐵騎自南原馳下〔三〕，横突之，老生兵斷後〔四〕，大潰，遂擒之。此正兵乎，奇兵乎？」

靖曰：「陛下天縱聖武〔五〕，非學而能。臣按兵法，自黄帝以來〔六〕，先正而後奇，先仁義而後權譎〔七〕。且霍邑之戰，師以義舉者，正也；建成墜馬〔八〕，右軍少却者，奇也。」

太宗曰：「彼時少却，幾敗大事，曷謂奇邪？」

靖曰：「凡兵，以前向爲正，後却爲奇。且右軍不却，則老生安致之來哉？《法》曰：『利而誘之，亂而取之〔九〕。』老生不知兵，恃勇急進，不意斷後，見擒於陛下〔一〇〕。此所謂以奇爲正也。」

太宗曰：「霍去病暗與孫、吴合〔一一〕，誠有是夫！當右軍之却也〔一二〕，高祖失色〔一三〕，及朕奮擊，反爲我利。孫、吴暗合，卿實知言。」

校注

〔一〕宋老生：隋煬帝將領。隋大業十三年（公元六一七年），李淵、李世民父子在太原起兵反隋。七月，李淵率軍三萬及西突厥軍一部，進駐賈胡堡（今山西霍縣西北）。隋鎮守長安的代王楊侑命虎牙郎將宋老生率精兵二萬屯於霍邑（今山西霍縣），左武侯大將軍屈突通率軍數萬扼守河東（郡治在今山西永濟西），企圖阻止李淵西進。八月，李淵、李世民父子判斷宋老生有勇無謀，不會主動出擊賈胡堡，於是率領少數騎兵自東南進攻霍邑，故意擺出圍城的態勢，並百般辱罵宋老生，誘激宋老生出城作戰。宋老生又見李軍兵少，一怒之下，果然率軍自東門、南門分道出擊。這時，李淵命大將軍殷開山速調後續部隊投入戰場。戰鬥開始後，位於城東的李淵、李建成軍戰鬥不利，向後退却，李建成落馬（後被救起）。宋老生乘機向前進逼。這時，位於城南的李世民發現宋老生軍側後暴露，及時率領所部殷志宏、柴紹等精鋭騎兵自南原投入戰鬥，連續突擊宋軍陣後。李淵、李建成又乘勢回軍反擊，宋老生兵敗，旋被擒殺。

〔二〕義師：正義的軍隊。這裏是李世民對自己軍隊的稱許之詞。

〔三〕鐵騎：原指穿鐵甲的騎兵，這裏指精鋭的騎兵。

〔四〕斷後：後路被切斷。

〔五〕天縱：天所使然。這裏是李靖對李世民的諛美之詞。語出《論語·子罕》：「固天縱之將聖，又多能也。」

〔六〕黄帝：姬姓，號軒轅氏、有熊氏。傳説爲中原各族的共同祖先。相傳他曾打敗炎帝於阪泉（今河北涿鹿東南），又曾擊殺蚩尤於涿鹿（今屬河北）。《黄帝兵法》，係後人僞託。

〔七〕權譎：權宜機變的計謀。

〔八〕建成：李建成，唐高祖李淵長子，後與其弟李世民因争奪皇位繼承權，於公元六二六年發生玄武門（長安太極宫北面正門）之變，被李世民所殺。

〔九〕利而誘之，亂而取之：語出《孫子·始計篇》。意謂：敵人貪利，要以小利去引誘他；敵人發生混亂，要乘機攻取他。

〔一〇〕見：被。

〔一一〕霍去病（前一四〇—前一一七）：西漢武帝時名將，河東平陽（今山西臨汾西南）人。官至驃騎將軍，封冠軍侯。曾六次出擊匈奴，屢建戰功。漢武帝曾要他學習孫、吴兵法，他説：「顧方略何如耳，不至學古兵法。」他雖然没有專門學習過兵法，但用兵作戰多與《孫子》、《吴子》的原則相吻合。

〔二〕當右軍之却也：「右」，原作「石」，形誤，據各本改正。

〔三〕高祖：唐高祖，即李淵（五六六—六三五），唐王朝的建立者。

三

太宗曰：「凡兵却皆謂之奇乎？」

靖曰：「不然。夫兵却，旗參差而不齊，鼓大小而不應，令喧囂而不一，此真敗却也〔一〕，非奇也。若旗齊鼓應，號令如一，紛紛紜紜，雖退走，非敗也，必有奇也。《法》曰『佯北勿追〔二〕』，又曰『能而示之不能〔三〕』，皆奇之謂也。」

太宗曰：「霍邑之戰，右軍少却，其天乎？老生被擒，其人乎？」

靖曰：「若非正兵變爲奇，奇兵變爲正，則安能勝哉？故善用兵者，奇正在人而已。變而神之〔四〕，所以推乎天也。」

太宗俯首〔五〕。

校注

〔一〕此真敗却也：「却」，翁本、劉本、王本、茅本、懷本並作「者」。

〔二〕佯北勿追：語出《孫子·軍争篇》。原文爲「佯北勿從」。意爲：敵人假裝敗退，不要實施追擊，以防中計。

〔三〕能而示之不能：語出《孫子·計篇》。意思是能打，故意裝做不能打。

〔四〕神：神奇莫測。這裏用作動詞，指奇正的變化達到出神入化的地步。

〔五〕俯首：低頭。此處含有敬服和贊同之意。

四

太宗曰：「奇正素分之歟，臨時制之歟？」

靖曰：「按《曹公新書》曰〔一〕：『己二而敵一〔二〕，則一術爲正，一術爲奇；己五而敵一，則三術爲正，二術爲奇。』此言大略爾。唯孫武云：『戰勢不過奇正，奇正之變，不可勝窮。奇正相生，如循環之無端，孰能窮之〔三〕？』斯得之矣，安有素分之邪？若士卒未習吾法，偏裨未熟吾令，則必爲之二術。教戰時，各認旗鼓，迭相分合，故曰分合爲變〔四〕，此教戰之術爾。教閱既成，衆知吾法，然後如驅羣羊，由將所指，孰分奇正之別哉？孫武所謂『形人而我無形』〔五〕，此乃奇正之極致。是以素分者教閱也，臨時制變者不可勝窮也。」

太宗曰：「深乎，深乎！曹公必知之矣。但《新書》所以授諸將而已，非奇正本法。」

校注

〔一〕《曹公新書》：指曹操所著的軍事論著《新書》，今已失傳。《問對》徵引《新書》文句，多出自曹操《孫子注》。是否二書原即一種，難以考辨。

〔二〕己二而敵一：「己」，原作「巳」，形誤，據各本改正。下同。「己二而敵一」句，語出曹操《孫子·謀攻篇注》。「己二而敵一，則一術爲正，一術爲奇」，原文爲「以二敵一，則一術爲正，一術爲奇」。就是當我之兵力兩倍於敵時，我則以一部爲正兵，一部爲奇兵。「己五而敵一，則三術爲正，二術爲奇」，原文爲「以五敵一，則三術爲正，二術爲奇」。就是當我之兵力五倍於敵時，我則以五分之三的兵力爲正兵，五分之二的兵力爲奇兵。總之，無論攻、防、追、退，都要有主次，講奇正。

〔三〕戰勢不過奇正六句：語出《孫子・勢篇》。意謂戰術不過「奇」與「正」，可是「奇」「正」的變化無窮無盡。

〔四〕分合爲變：語出《孫子・軍争篇》。指部隊的分散和集中須依戰場戰况靈活處置。

〔五〕形人而我無形：語出《孫子・虛實篇》。意謂使敵人暴露真情，但不讓自己的情況暴露。

五

太宗曰：「曹公云『奇兵旁擊』〔一〕，卿謂若何？」

靖曰：「臣按曹公注《孫子》曰：『先出合戰爲正，後出爲奇〔二〕。』此與旁擊之説異焉〔三〕。臣愚謂大衆所合爲正，將所自出爲奇，烏有先後旁擊之拘哉〔四〕？」

太宗曰：「吾之正，使敵視以爲奇；吾之奇，使敵視以爲正，斯所謂『形人者』歟？以奇爲正，以正爲奇，變化莫測，斯所謂『無形者』歟？」

靖再拜曰：「陛下神聖，迴出古人，非臣所及。」

校注

〔一〕奇兵旁擊：語出曹操《孫子・勢篇注》：「正者當敵，奇兵從傍擊不備也。」曹操認爲，正兵是實施正面攻擊的，奇兵是從敵側後出其不意實施攻擊的。

〔二〕先出合戰爲正，後出爲奇：語出曹操《孫子・勢篇注》。曹操認爲率先同敵交戰的部隊是正兵，然後出擊的部隊是奇兵。

〔三〕此與旁擊之説異焉：「説」，原作「拘」（翁本同），今據劉、王、茅、張、懷本改。

〔四〕烏有先後旁擊之拘哉：「先」原作「失」，形誤，據各本改正。此句的大意是，奇兵、正兵的運用，哪有拘泥於先後、正擊側擊的説法呢！他認爲主力與敵交戰爲正，而將帥根據具體情況出兵爲奇。

六

太宗曰：「分合爲變者，奇正安在？」

靖曰：「善用兵者，無不正，無不奇，使敵莫測。故正亦勝，奇亦勝。三軍之士，止知其勝，莫知其所以勝。非變而能通，安能至是哉？分合所出，唯孫武能之。吴起而下，莫可及焉。」

太宗曰：「吴術若何？」

靖曰：「臣請略言之。魏武侯問吴起兩軍相向〔一〕，起曰：『使賤而勇者前擊，鋒始交而北，北而勿罰，觀敵進取。一坐一起，奔北不追，則敵有謀矣；若悉衆追北，行止縱横，此敵人不才，擊之勿疑〔二〕。』臣謂吴術大率多此類〔三〕，非孫武所謂以正合也。」

太宗曰：「卿舅韓擒虎嘗言〔四〕，卿可與論孫、吴，亦奇正之謂乎？」

靖曰：「擒虎安知奇正之極，但以奇爲奇，以正爲正爾！曾未知奇正相變、循環無窮者也。」

校注

〔一〕魏武侯：即魏擊，戰國時魏國的國君，魏文侯之子，公元前三九五年至公元前三七〇年在位。

兩軍相向：事見《吴子·論將第四》。原文是「兩軍相望，不知其將，我欲相之，其術如何」。相，即觀察瞭解。術，方法。此四句意爲：兩軍相對，不知敵方將領才能如何，我要瞭解他，有什麽方法？

〔二〕使賤而勇者前擊十一句：語出《吴子·論將第四》。原文爲「令賤而勇者，將輕鋭以嘗之，務於北，無務於得，觀敵之來。一坐一起，其政以理，其追北佯爲不及，其見利佯爲不知，如此將者，名爲智將，勿與戰矣。若其衆讙嘩，旌旗煩亂，其卒自行自止，其兵或縱或横，其追北恐不及，見利恐不得，此爲愚將，雖衆可獲」。此段意爲：命令勇敢的下級軍官，率領輕鋭部隊實施試探性的攻擊，一定要假裝敗退，不要打勝，以便觀察敵人追擊時的進止舉動。如果敵軍指揮很有條理，他追擊時假裝追不上，看到有利戰機假裝不知道，這樣的將領叫做智將，不可同他作戰。如果敵軍喧嘩，旗幟混亂，士兵隨意進止，兵器横七豎八，追擊時唯恐追不上，見戰利唯恐得不到，這樣的將領叫做愚將，即使兵力再多也可以俘獲他。

〔三〕吴術大率多此類：「此類」二字，各本互乙。

〔四〕韓擒虎（五三八—五九二）：隋代大將，河南東垣（今河南新安東）人。隋文帝開皇九年（公元五八九年）正月，在隋滅陳的戰争中，韓擒虎率輕騎五百爲先鋒，乘陳軍戒備鬆弛之機，自采石磯（今安徽省馬鞍山市西南長江東岸）渡江，從南路攻建康（今南京市）；隋軍主力則由賀若弼率領，自京口（今屬鎮江）渡江，從北路攻建康。陳軍在受到兩路夾擊，長江也被隋軍舟師控制的情況下，相繼投降，陳後主被俘，陳國滅亡。韓擒虎因功封上柱國。

七

太宗曰：「古人臨陣出奇，攻人不意，斯亦相變之法乎？」

靖曰：「前代戰鬥，多是以小術而勝無術，以片善而勝無善，斯安足以論兵法也？若謝玄之破苻堅[一]，非謝玄之善也，蓋苻堅之不善也。」

太宗顧侍臣檢《謝玄傳》，閱之曰：「苻堅甚處是不善？」

靖曰：「臣觀《苻堅載記》曰：秦諸軍皆潰敗，唯慕容垂一軍獨全。堅以千餘騎赴之，垂子寶勸垂殺堅[二]，不果。此有以見秦師之亂。慕容垂獨全，蓋堅爲垂所陷明矣。夫爲人所陷而欲勝敵，不亦難乎？臣故曰無術焉，苻堅之類是也。」

太宗曰：「《孫子》謂多算勝少算，少算勝無算[三]。凡事皆然。」

校注

〔一〕謝玄之破苻堅：苻堅（三三八——三八五），五胡十六國時期前秦的統治者。前秦曾佔有相當於今新疆、甘肅、陝西、四川、山西、河北、河南（淮河以北）及山東等廣大地區。晉太元八年（公元三八三年）八月，苻堅强征各族人民從事進攻東晉的戰争。他指揮步兵六十餘萬，騎兵二十七萬，羽林郎三萬餘，號稱百萬大軍，從長安出發，分兵三路，采取分進合擊的戰略部署，企圖一舉滅掉東晉。僻處江南的東晉王朝命謝玄爲前鋒都督，率兵八萬抗擊秦軍。洛澗（又名洛水，在今安徽淮南市東）一戰，擊破秦軍前鋒，初戰告捷。晉軍進至淝水（淮河支流，今安徽省西北），兩軍隔水佈陣，形成對峙。謝玄派人向苻堅説：如果秦軍稍向後移，使晉軍渡河，便可決一勝敗。苻堅認爲，正可以利用晉軍半渡淝水時進行攻擊，於是命令軍隊後退。當秦軍一經後移，本已積怨很深、不願作戰的各族士兵紛紛潰散，陣勢立即混亂。謝玄親率主力乘機渡河猛攻，大破秦軍。

〔二〕慕容垂（三二六—三九六）：十六國時期後燕的建立者，鮮卑族。昌黎棘城（今遼寧義縣西北）人。前燕時封爲吴王，後投奔苻堅，幫助苻堅滅了前燕。淝水之戰苻堅失敗後，他乘機恢復燕國，定都中山（今河北定縣）。秦諸軍皆潰敗五句：參見《晉書》卷一百十四《苻堅載記》。

〔三〕少算勝無算：句前原有「有以知」三字。今據懷本並參照宋本《十一家注孫子》删。多算勝少算，少算勝無算：語意出《孫子·計篇》。意謂計算周密、勝利條件充分的，能戰勝計算疏漏、勝利條件不足的。原文爲「夫未戰而廟算勝者，得算多也；未戰而廟算不勝者，得算少也。多算勝，少算不勝，而況於無算乎」。

八

太宗曰：「黄帝兵法，世傳《握奇文》〔一〕，或謂爲《握機文》，何謂也？」

靖曰：「奇，音機，故或傳爲機，其義則一。考其詞云：『四爲正，四爲奇，餘奇爲握機。』奇，餘零也，因此音機。臣愚謂兵無不是機，安在乎握而言也？當爲餘奇則是。夫正兵受之於君，奇兵將所自出。《法》曰：『令素行以教其民，則民服〔二〕。』此受之於君者也。又曰：『兵不豫言，君命有所不受〔三〕。』此將所自出者也。凡將，正而無奇，則守將也；奇而無正，則鬥將也；奇正皆得，國之輔也。是故握機握奇，本無二法，在學者兼通而已。」

校注

〔一〕《握奇文》：古代兵書名，今佚。唐代有《握奇經》，亦作《握機經》、《幄機經》傳世。舊題黄帝臣風后撰，漢公孫弘解。一卷，三百八十餘字。關於握機陣圖，傳爲風后創制，不足憑信。對於八陣，它明確指出「四爲正，四爲奇」，即前後左右四塊「實地」的部隊爲正兵，利用東北、西北、西南、東南四塊「虛地」進行機動爲奇兵。不屬此八陣的「餘奇」之兵即中軍，亦即下文所稱「中心零者」，由主將掌握。

〔二〕以教其民：「民」下原衍「者」字，據王本、茅本及宋本《十一家注孫子》删。令素行以教其民，則民服：語出《孫子·行軍篇》。意謂命令平時能貫徹執行，士卒就能養成服從的習慣。

〔三〕兵不豫言，君命有所不受：「兵不豫言」，不知所出。「君命有所不受」，語出《孫子·九變篇》。意謂戰陣之事應該相機行事，事前是不能刻板規定的。即使是國君的命令，如果它不符合戰場上的變化情況，也可以不接受。

九

太宗曰：「陣數有九，中心零者，大將握之，四面八向，皆取準焉。陣間容陣，隊間容隊。以前爲後，以後爲前。進無速奔，退無遽走。四頭八尾，觸處爲首，敵衝其中，兩頭皆救。數起於五，而終於八〔一〕，此何謂也？」

靖曰：「諸葛亮以石縱横佈爲八行〔二〕，方陣之法即此圖也。臣嘗教閲，必先此陣。世所傳《握機文》，蓋得其粗也。」

太宗曰：「天、地、風、雲、龍、虎、鳥、蛇，斯八陣何義也？」

靖曰：「傳之者誤也。古人秘藏此法，故詭設八名爾。八陣本一也，分爲八焉。若天、地者，本乎旗號；風、雲者，本乎幡名；龍、虎、鳥、蛇者，本乎隊伍之別。後世誤傳，詭設物象，何止八而已乎？」

太宗曰：「數起於五，而終於八，則非設象，實古制也。卿試陳之。」

靖曰：「臣按黄帝始立丘井之法〔三〕，因以制兵。故井分四道，八家處之，其形井字，開方九焉。五爲陣法，四爲閑地，此所謂數起於五也；虚其中，大將居之，環其四面，諸部連繞，此所謂終於八也。及乎變化制敵，則紛紛紜紜，鬥亂而法不亂；混混沌沌，形圓而勢不散：此所謂散而成八、復而爲一者也。」

太宗曰：「深乎，黄帝之制兵也！後世雖有天智神略，莫能出其閫閾〔四〕。降此孰有繼之者乎？」

靖曰：「周之始興〔五〕，則太公實繕其法〔六〕：始於岐都〔七〕，以建井畝；戎車三百輛，虎賁三千人〔八〕，以立軍制；六步七步，六伐七伐〔九〕，以教戰法。陳師牧野〔一〇〕，太公以百夫致師〔一一〕，以成武功，以四萬五千人勝紂七十萬衆〔一二〕。

周《司馬法》，本太公者也。太公既没，齊人得其遺法。至桓公霸天下〔一三〕，任管仲〔一四〕，復修太公法，謂之節制之師〔一五〕。諸侯畢服。」

太宗曰：「儒者多言管仲霸臣而已，殊不知兵法乃本於王制也。諸葛亮王佐之才，自比管、樂〔一六〕，以此知管仲亦王佐也。但周衰時，王不能用，故假齊興師爾。」

靖再拜曰：「陛下神聖，知人如此，老臣雖死，無愧昔賢也。臣請言管仲制齊之法：三分齊國，以爲三軍；五家爲軌，故五人爲伍；十軌爲里，故五十人爲小戎；四里爲連，故二百人爲卒；十連爲鄉，故二千人爲旅；五鄉一師〔一七〕，故萬人爲軍。亦猶《司馬法》一師五旅〔一八〕、一旅五卒之義焉。其實皆得太公之遺法。」

太宗曰：「《司馬法》人言穰苴所述〔一九〕，是歟，否也？」

靖曰：「按《史記·穰苴傳》，齊景公時〔二〇〕，穰苴善用兵，敗燕晉之師，景公尊爲司馬之官〔二一〕，由是稱司馬穰苴，子孫號司馬氏。至齊威王〔二二〕，追論古司馬法，又述穰苴所學，遂有《司馬穰苴書》數十篇。今世所傳兵家者流〔二三〕，又分權謀、形勢、陰陽、技巧四種，皆出《司馬法》也。」

校注

〔一〕陣數有九以下十七句：語出《握奇經》。現存《握奇經》各種版本，文字互有異同，此段文字亦然，但文意不左。這裏，通過五陣推演爲八陣的闡述，詳盡地論述了古代方陣作戰陣形變化的基本原理。所謂「數起於五，而終於八」（參看本書序言方陣圖所示），五，指前後左右中五陣。五陣的前後左右四個小方陣（即「實地」）的部隊，利用四個間隙地帶（即「虛地」）進行機動，即可由五陣變爲八陣。加上大將居中指揮的中央方陣，實爲九陣，故《握機經》又説「陣數有九」。中央方陣由大將直接控制，實施支援八方的作戰。因其處於機動位置，稱爲餘零之軍或餘奇之軍。「餘奇爲握奇」，《握機經》的書名取意於此。這種隊形整齊、人數衆多的集團方陣，大陣包小陣，大隊包小隊（陣間容陣，隊間容隊），無論攻、防、追、退都要求保持方陣的嚴整，無論敵人從哪個方向進攻，都能保持有一定的兵力迎敵。

〔二〕諸葛亮以石縱横佈爲八行：相傳諸葛亮曾聚石佈成八陣圖形，近似於現代的沙盤作業。史籍記載，八陣遺迹有三處：一在陝西勉縣東南諸葛亮墓東；一在四川奉節縣南江邊；一在四川金堂縣彌牟鎮。

〔三〕丘井之法：丘井，原指殷周時代的一種土地制度。由國家將土地按井字形劃爲九區，中央爲公田，其外八區由八家各受爲私田。李靖在這裏乃是借井字等分爲九個方塊説明五陣向八陣的變化。

〔四〕莫能出其閫閾：「閫」，原作「閗」，形誤，據各本改正。閫閾〔kǔn yù 捆育〕：門檻，引申爲範圍、邊界的意思。

〔五〕周：朝代名，公元前十一世紀周武王滅商後建立。都城鎬京（今陝西省西安市長安區灃河以東斗門鎮東北之酆鎬村、普渡村一帶）。

〔六〕太公：即吕尚，周代齊國始祖。姓姜，吕氏，名望，一説字子牙。助周武王滅商有功，封於齊。俗稱姜太公。

〔七〕岐都：周部落定居後的第一個都城建在岐山（今陝西省岐山縣城東北）之下的周原，故名。

〔八〕三千人：「千」，原作「百」，今據各本改。據古陣法較算，也應爲「千」。虎賁：勇士之稱。形容雄武的勇士如同猛虎奔（賁）走逐獸。

〔九〕六步七步，六伐七伐：《史記·周本紀》、《書·牧誓》凡兩見。今據《史記·周本紀》載：「今日之事，不過六步七步，乃止齊焉，夫子勉哉！不過於四伐五伐六伐七伐，乃止齊焉。」意謂方陣作戰，部隊前進六七步，擊刺四五下、六七下即止步看齊，以保持隊形。

古代的一步，約當今四尺。伐，擊刺。

〔一〇〕牧野：今河南淇縣南、衛河以北，今衛輝市境内，周武王伐紂大敗殷軍於此。

〔一一〕百夫致師：挑選勇士百人爲前鋒，率先衝擊敵陣。

〔一二〕勝紂七十萬衆：紂，商代最後一個君主，即帝辛。紂貪酒色，厚賦斂，嚴刑峻法，百姓怨怒，諸侯多叛。公元前一一〇七年夏曆二月五日，周武王率領兵車三百乘，虎賁三千人，甲士四萬五千人，聯合西南的庸、蜀、羌、髳等方國部落的軍隊，同商軍戰於牧野。商軍「皆倒兵以戰，以開武王」。紂王兵敗，在鹿臺自焚而死。七十萬軍，源於《史記・周本紀》。《太平御覽・皇王部八》：「紂有億兆夷人，起師自容閭至浦水，與同惡諸侯五十國，凡十七萬人距周於商郊之牧野。」據此，七十萬疑爲十七萬之誤。

〔一三〕桓公：齊桓公（？—前六四三），春秋初期齊國君主，姜姓，名小白。他在公元前六八五年取得政權後，實行改革，富國强兵，並以「尊王攘夷」相號召，成爲春秋第一個霸主。

〔一四〕管仲（？—前六四五）：即管敬仲，春秋初期政治家，潁上（今安徽潁水之濱）人。他在齊國輔佐齊桓公，改革政治，發展生産，擴充軍備。齊國從此國力大振，稱霸中原。

〔一五〕節制之師：紀律嚴明的軍隊。

〔一六〕自比管、樂：事見陳壽《三國志・諸葛亮傳》：「亮躬耕隴畝，好爲《梁父吟》，身長八尺，每自比於管仲、樂毅。」管、樂因同是春秋時期著名政治家、軍事家，故常連稱。樂毅，中山國靈壽（今河北平山東北）人，戰國時燕將。公元前二八四年，樂毅率燕、趙、韓、魏、秦、楚六國聯軍，擊破齊國，因功封於昌國（今山東淄博市東南），號昌國君。後因燕惠王即位，中齊將田單反間計，樂毅懼禍，逃亡趙國。文中管樂連稱，意謂諸葛亮自認有文韜武略之才。

〔一七〕五鄉一師：「師」，原作「帥」，形誤，今據各本改正。

〔一八〕亦猶《司馬法》一師五旅：「猶」，原作「由」，據茅本改。「師」，原作「帥」，據各本改。《司馬法》，詳見下條。

〔一九〕穰苴：即司馬穰苴，田氏，名穰苴。春秋時齊國大夫，精通兵法。齊景公時，晉、燕侵犯齊國，齊軍敗退。晏嬰舉薦穰苴爲將軍，擊退了燕晉軍隊，盡復失地。齊景公封穰苴爲大司馬，故稱司馬穰苴。戰國時，齊威王命大夫整理古司馬兵法，並把司馬穰苴的兵法附在裏面，定名《司馬穰苴兵法》，又稱《司馬法》，並從宋代起，定爲「武經七書」之一。據《漢書·藝文志·六藝略》著録有《軍禮司馬法》百五十五篇，多已佚。今傳世本入兵家，僅存五篇。

〔二〇〕齊景公（？—前四九〇）：春秋時齊國君主，名杵臼。齊莊公的異母弟。公元前五四七年至前四九〇年在位。

〔二一〕司馬：官名，周時爲六卿之一，掌管軍政和軍賦。後世别稱兵部尚書爲大司馬。

〔二〕齊威王（？—前三二〇）：戰國時齊國國君。姓嬀，田氏，名因齊，一作嬰齊。任用鄒忌爲相，田忌爲將，孫臏爲軍師，改革政治，發展經濟，增强軍備，國力漸强。前三四一年曾取得馬陵（今河南范縣西南）之戰的勝利，重創魏軍，迫使魏惠王與之互尊爲王。

〔三〕今世所傳兵家者流：「家」下原無「者」字，據各本補。

兵家句：《漢書·藝文志》把兵書分爲四種類型：一是講求權變謀略的「兵權謀家」，即所謂「以正守國，以奇用兵，先計而後戰，兼形勢，包陰陽，用技巧者也」；二是善於實施戰場機動的「兵形勢家」，即所謂「雷動風舉，後發而先至，離合背向，變化無常，以輕疾制敵者也」；三是主張辯證用兵而又雜糅鬼神迷信和善因天時氣象用兵的「兵陰陽家」，即所謂「順時而發，推刑德，隨鬥擊，因五勝，假鬼神而爲助者也」；四是側重軍事技術和戰術運用的「兵技巧家」，即所謂「習手足，便器械，積機關，以立攻守之勝者也」。

十

太宗曰：「漢張良、韓信序次兵法〔一〕，凡百八十二家，删取要用，定著三十五家〔二〕。今失其傳，何也？」

靖曰：「張良所學，太公《六韜》、《三略》是也〔三〕。韓信所學，穰苴、孫武是也。然大體不出三門四種而已。」

太宗曰：「何謂『三門』？」

靖曰：「臣按：《太公謀》八十一篇，所謂陰謀，不可以言窮；《太公言》七十一篇，不可以兵窮；《太公兵》八十五篇，不可以財窮。此三門也。」

太宗曰：「何謂『四種』？」

靖曰：「漢任宏所論是也〔四〕。凡兵家者流〔五〕，權謀爲一種，形勢爲一種，及陰陽、技巧二種〔六〕，此四種也。」

太宗曰：「《司馬法》首序蒐狩〔七〕，何也？」

靖曰：「順其時而要之以神〔八〕，重其事也。《周禮》最爲大政：成有岐陽之蒐〔九〕，康有酆宮之朝〔一〇〕，穆有塗山之會〔一一〕，此天子之事也。及周衰，齊桓有召陵之師〔一二〕，晉文有踐土之盟〔一三〕，此諸侯奉行天子之事也。其實用九伐之法以威不恪〔一四〕，假之以朝會，因之以巡狩，訓之以甲兵。言無事兵不妄舉，必於農隙，不忘武備也。故首序蒐狩，不其深乎！」

校注

〔一〕張良（？—前一八六）：漢初大臣，字子房。傳爲城父（今安徽亳縣東南）人，其家五世相韓，爲韓國貴族。秦滅韓後，張良曾謀刺秦始皇於博浪沙（今河南原陽縣），爲韓報仇，未果。傳説他此後更名匿於下邳（今江蘇邳州市）。遇黄石公得《太公兵法》。秦末農民戰争中，投效劉邦，在楚漢戰争中運籌謀劃，多有建樹。劉邦稱帝後，封爲留侯。韓信（？—前一九六）：漢初諸侯王，著名的軍事家。淮陰（今江蘇淮安市淮陰區）人。初投項梁、項羽起義，曾任郎中，多次獻策，項羽皆不用，於是棄楚投漢。前二〇六年，韓信在漢任大將，率領漢軍暗度陳倉（今陝西寶鷄市東），還定三秦。在楚漢相持階段中，率軍一部攻破魏、趙、代、齊，對楚軍形成戰略包圍，最後殲滅項羽於垓下（今安徽靈壁南）。漢朝建立後，封楚王，後降爲淮陰侯。公元前一九六年被誣告謀反，爲吕后所殺。著有《兵法》三篇，今佚。

〔二〕漢張良、韓信序次兵法四句：語出《漢書·藝文志》。漢初，張良、韓信整理古兵法共得一百八十二家，經過甄别取舍，擇其精粹適用的，最後定出三十五家。

〔三〕《六韜》、《三略》：古代兵法。《六韜》傳爲姜太公所著，内分《文韜》、《武韜》、《龍韜》、《虎韜》、《豹韜》、《犬韜》六章；《三略》傳爲圯上老人黄石公所著，分《上略》、《中略》、

《下略》三章。

〔四〕任宏：漢成帝時人，任步兵校尉時曾受命校理兵書。

〔五〕凡兵家者流：「家」下原無「者」字，據張本補。

〔六〕陰陽、技巧二種：王本、茅本、張本、懷本於「巧」下有「爲」字。

〔七〕蒐狩：田獵。春獵爲蒐，冬獵爲狩。《春秋左傳・魯隱公五年》：「故春蒐、夏苗、秋獮、冬狩，皆於農隙以講事也。」

〔八〕要：通「邀」。

〔九〕岐陽之蒐：周成王曾在岐山的南面進行春蒐。

〔一〇〕酆宫之朝：酆宫，在今陝西西安市西南澧河以西，傳爲周文王所建。周文王伐崇侯虎後自岐遷都至此。周武王遷都鎬京以後，酆宫不改，仍爲全國的政治文化中心，所以周康王常在這裏朝會諸侯。

〔一一〕、塗山之會：周穆王因田獵曾在塗山會過諸侯。塗山，在今安徽省懷遠縣東南八里淮河東岸。

〔一二〕召陵之師：魯僖公四年（公元前六五六年），齊桓公會合魯、宋、陳、衛、鄭、許、曹各諸侯國的軍隊侵蔡，蔡軍潰敗，於是伐楚。楚國派大夫屈完與諸侯結盟於召陵，齊國與各諸侯國的軍隊因而撤退。召陵，在今河南郾師市東三十五里。

〔一三〕踐土之盟：魯僖公二十八年（公元前六三二年）晉楚城濮之戰，晉軍獲勝。周襄王親自犒勞晉軍。晉文公於是在踐土修建王宫，迎襄王，與諸侯會盟，從此晉確立霸權，成爲盟主。踐土，古地名，在今河南原陽縣西南。

〔一四〕九伐之法：周朝用以威懾諸侯的一種法制。它規定了在九種情況下，對於違犯王命者予以征伐。《周禮注疏》：「以九伐之法正邦國。」

十一

太宗曰：「春秋楚子二廣之法云〔一〕：『百官象物而動，軍政不戒而備〔二〕。』此亦得周制歟？」

靖曰：「按左氏説，楚子乘廣三十乘〔三〕，廣有一卒〔四〕，卒偏之兩。軍行右轅，以轅爲法，故挾轅而戰〔五〕，皆周制也。臣謂百人曰卒，五十人曰兩，此是每車一乘，用士百五十人，此周制差多爾。周一乘步卒七十二人，甲士三人。以二十五人爲一甲，凡三甲，共七十五人。楚山澤之國，車少而人多。分爲三隊，則與周制同矣。」

太宗曰：「春秋荀吴伐狄，毁車爲行〔六〕，亦正兵歟，奇兵歟？」

靖曰：「荀吴用車法爾，雖舍車而法在其中焉。一爲左角，一爲右角，一爲前拒，分爲三隊，此一乘法也。千萬乘皆然。臣按《曹公新書》云：攻車七十五人〔七〕，前拒一隊，左右角二隊；守車一隊〔八〕，炊子十人，守裝五人〔九〕，廄養五人，樵汲五人，共二十五人。攻守二乘，凡百人。興兵十萬，用車千乘，輕重二千，此大率荀吴之舊法也。又觀漢魏之間軍制：五車爲隊，僕射一人；十車爲師，率長一人；凡車千乘，將吏二人〔一〇〕。多多仿此。臣以今法參用之：則跳盪，騎兵也；戰鋒隊，步騎相半也；駐隊，兼車乘而出也。臣西討突厥，越險數千里，此制未嘗敢易。蓋古法節制，信可重焉〔一一〕。」

校注

〔一〕楚子：即楚莊王（？—前五九一），芈姓，名旅，曾爲春秋時的五霸之一。因其曾被封爲子爵，故有楚子之稱。

廣〔guàng 逛〕：楚國兵制，兵車十五輛爲一廣。二廣之法，即戰鬥隊形分作左右兩隊，亦即左廣、右廣，相當於中原各國的左偏和右偏。每乘兵車有士兵一百五十人。

〔二〕百官象物而動，軍政不戒而備：語出《左傳·宣公十二年》。意謂各級軍官按照旌旗的指令而行動，軍隊不待得到命令即有準備。物，古代軍中雜色旗幟，用以標示各級軍官的地位與職司。戒，敕令。

〔三〕楚子乘廣三十乘：「三十」，翁本、王本、茅本、張本、懷本並作「二十」。

〔四〕廣有一卒句：語出《左傳·宣公十二年》。楚國軍隊戰車一廣（乘）配備徒兵一卒（即一百人）。按照楚國人的習慣，稱戰車爲廣或乘廣。如《左傳》宣公十二年載「楚子爲乘廣三十乘」、定公四年載「史皇以其乘廣死」、十三年載「而駕乘廣，載甲焉」可證。

〔五〕軍行右轅，以轅爲法，故挾轅而戰：車戰時，配屬每乘戰車的徒兵（即步兵），在各自戰車的右側展開，行動以車轅方向爲準，隨車戰鬥。

〔六〕荀吴伐狄，毁車爲行（讀作杭）：事見《左傳·昭公元年》：「乃毁車以爲行，五乘爲三伍……兩於前，伍於後，專爲右角，參爲左角，偏爲前拒，以誘之。」「毁車爲行」，即臨時改車兵爲徒兵步戰。公元前五四一年，晉中行元帥荀吴率軍伐狄（古代北方少數民族）。荀吴采納魏舒在山地作戰應捨棄車乘改用步卒的建議，因而太原一戰，大敗狄軍。毁，捨棄。行，步兵。荀吴所襲用的車兵陣形是：將全軍分爲五陣，戰車每乘七十五人。「兩」（五十乘）居陣中，「伍」（百二十乘）爲後衛，「專」（八十一乘）爲主要方向（右角），參（二十九乘）爲次要方向（左角），「偏」（二十五乘）爲前衛（前拒）。詳見服虔引《司馬法》。

〔七〕攻車：戰車，亦稱輕車。

〔八〕守車：輜重車，亦稱重車。

〔九〕守裝五人：「裝」，茅本作「車」。守裝，看守裝具輜重的士兵。

〔一〇〕五車爲隊六句：《孫子·作戰篇》曹操注言「陣車之法」爲「五車爲隊，僕射一人；十車爲官，卒長一人；車滿十乘，將吏二人」。文字不同之處，或以曹説爲是，姑兩存之。僕射，官名。起於秦代，其名由僕人、射人合成，本爲君主左右之小臣。自秦代起，凡侍中、尚書、博士、謁者、郎等官，都有僕射，根據所領職事作稱號，意即其中的首長。但從東漢起，職權漸重，唐代更一度爲尚書省長官。

〔一一〕信可重焉：清代懷山園刊本《李衛公問對》卷上止於此。

十二

太宗幸靈州回〔一〕，召靖賜坐曰：「朕命道宗及阿史那社爾等討薛延陀〔二〕，而鐵勒諸部乞置漢官〔三〕，朕皆從其請。延陀西走，恐爲後患，故遣李勣討之〔四〕。今北荒悉平，然諸部蕃漢雜處，以何道經久，使得兩全安之？」

靖曰：「陛下敕自突厥至回紇部落〔五〕，凡置驛六十六處〔六〕，以通斥候〔七〕，斯已得策矣。然臣愚以謂，漢戍宜自爲一法〔八〕，蕃落宜自爲一法〔九〕，教習各異，勿使混同。或遇寇至，則密敕主將，臨時變號易服，出奇擊之。」

太宗曰：「何道也？」

靖曰：「此所謂『多方以誤之』之術也〔一〇〕。蕃而示之漢，漢而示之蕃，彼不知蕃漢之别，則莫能測我攻守之計矣。善用兵者，先爲不可測，則敵乖其所之也。」

太宗曰：「正合朕意，卿可密教邊將。只以此，蕃漢便見奇正之法矣。」

靖拜舞曰：「聖慮天縱，聞一知十，臣安能極其説哉！」

校注

〔一〕太宗幸靈州回：清代懷山園刊本《李衛公問對》卷中由此句始。

幸：巡幸，舊指皇帝駕臨。

靈州：唐時轄境相當於今寧夏中衛、中寧以北地區，爲朔方節度使治所，在今靈武西南。

李世民如靈州，事在貞觀二十年（公元六四六年）。

〔二〕道宗及阿史那社爾等討薛延陀：「陀」，原作「佗」，據翁本、劉本、懷本及《新唐書》改。

下同。

道宗：李道宗，唐初大臣，字承範，唐朝宗室，曾爲任城王。

阿史那社爾（？—六五五）：阿史那，古突厥姓氏；社爾，人名。唐初大將，突厥處羅可汗次子。曾取得半國，自號都布可汗。因敗於薛延陀、西突厥，於貞觀十年（公元六三六年）率衆降唐，封左驍騎大將軍，居於靈州，後歷任交河道行軍總管、崑山道行軍總管等職，率唐軍擊敗高昌、龜兹等國。

薛延陀：古族名和國名，由薛部和延陀部合併而成。初屬於突厥。唐貞觀三年（公元六二九年）其首領夷男建牙於鬱督軍山（今蒙古杭愛山），唐太宗封其爲真珠毗伽可汗。四年，助唐滅突厥。貞觀二十年（公元六四六年）發生内亂，多彌可汗攻唐，爲唐所敗。次年，唐在其地設府州，隸燕然都護府。

〔三〕鐵勒：古族名，或譯狄歷、赤勒、敕勒，爲丁零的音變。因該部族所用車輪高大，故亦稱高車。遊牧於今圖拉河以西，里海以東之地。公元五世紀時，北魏太武帝遷徙東部鐵勒數十萬於漠南，漸習農耕。突厥興起後，分屬東、西突厥。其散處於漠北者，有十五部，以薛延陀、回紇爲最著。唐貞觀末年（公元六四九年），東部鐵勒内屬，太宗於其地分設州府，並置燕然都護以統御之。

〔四〕李勣（五九四—六六九）：唐初大將。本姓徐，名世勣，字懋功，後賜姓李，因避唐太宗諱，故名李勣。離狐（在今山東菏澤西北）人。隋末農民起義時投瓦崗軍，瓦崗失敗後降唐，任右武侯大將軍，封曹國公，賜姓李。曾從李世民鎮壓竇建德、劉黑闥起義軍。公元六二九年與李靖出擊東突厥，因功改封英國公，守并州（今山西太原）十六年。

〔五〕敕：原有告誡意，文中特指皇帝的詔書和命令。

回紇：古族名和國名。公元四、五世紀時，東部鐵勒的袁紇部落遊牧於鄂爾渾河和色楞格河流域。隋稱韋紇。大業元年（公元六〇五年）因反抗突厥壓迫，與僕固、同羅、拔野古等成立聯盟，總稱回紇。唐天寶三年（公元七四四年）破東突厥，在今鄂爾渾河流域建立政權，轄境東起興安嶺，西至阿爾泰山，最盛時曾至中亞費爾干納盆地。助唐平安史之亂後，進一步發展了與唐王朝的友好關係。

〔六〕驛：驛站。古代供過往官員或傳遞政府文書的人中途換馬或休息、暫住的地方。

〔七〕斥候：這裏既指偵察敵情的士兵，又指瞭望敵情的土堡。

〔八〕戍：用作名詞，指駐守邊防的士卒。

〔九〕蕃：古稱西部邊境各族爲蕃，亦作外族通稱。

〔一〇〕多方以誤之：語出《左傳·昭公三十年》伍員語。意謂采取各種辦法迷惑敵人，促使敵人犯錯誤。

十三

太宗曰：「諸葛亮言：『有制之兵，無能之將，不可敗也；無制之兵，有能之將，不可勝也〔一〕。』朕疑此談非極致之論。」

靖曰：「武侯有所激云爾〔二〕。臣按《孫子》曰：『教道不明，吏卒無常，陳兵縱横，曰亂〔三〕。』自古亂軍引勝〔四〕，不可勝紀。夫教道不明者，言教閲無古法也；吏卒無常者，言將臣權任無久職也；亂軍引勝者，言己自潰敗，非敵勝之也。是以武侯言，兵卒有制，雖庸將未敗；若兵卒自亂，雖賢將危之，又何疑焉？」

太宗曰：「教閲之法，信不可忽。」

靖曰：「教得其道，則士樂爲用；教不得法，雖朝督暮責，無益於事矣。臣所以區區古制皆纂以圖者，庶乎成有制之兵也。」

太宗曰：「卿爲我擇古陣法，悉圖以上。」

校注

〔一〕有制之兵六句：語出諸葛亮《兵要》。原文是「有制之兵，無能之將，不可以敗；無制之兵，有能之將，不可以勝」。意謂紀律嚴明的軍隊，即使將領指揮才能不足，也是不可戰敗的；反之，則不能取勝。

〔二〕武侯：即諸葛亮。東漢末年，隱居隆中（今湖北襄陽市西）。公元二〇七年，劉備三顧草廬，諸葛亮向他提出了著名的隆中對策，即佔據荆（今湖南、湖北）、益（今四川）二州，聯吴破曹。劉備按照這一决策，奠定了三國鼎立的局面，建立了蜀漢政權。公元二二三年，諸葛亮以武鄉侯領益州牧，輔佐後主劉禪。政事無論大小，都由他决定。曾親率蜀軍五出祁山（今甘肅禮縣東闇江之畔），北攻曹魏。公元二三四年，病死軍中。其著作，後人輯有《諸葛亮集》。

〔三〕教道不明四句：語出《孫子·地形篇》。教道，指對軍隊的指揮和訓練。陳兵縱横，出兵列陣横七竪八。

〔四〕亂軍引勝：語出《孫子·謀攻篇》。意謂擾亂自己軍隊的行動，導致敵人乘機取勝。

十四

太宗曰：「蕃兵唯勁馬奔衝，此奇兵歟？漢兵唯强弩犄角〔一〕，此正兵歟？」

靖曰：「按《孫子》云：『善用兵者，求之於勢，不責於人〔二〕，故能擇人而任勢〔三〕。』夫所謂擇人者，各隨蕃漢所長而戰也。蕃長於馬，馬利乎速鬥；漢長於弩，弩利乎緩戰。此自然各任其勢也，然非奇正所分。臣前曾述蕃漢必變號易服者〔四〕，奇正相生之法也。馬亦有正，弩亦有奇，何常之有哉！」

太宗曰：「卿更細言其術。」

靖曰：「先形之，使敵從之，是其術也。」

太宗曰：「朕悟之矣！《孫子》曰：『形兵之極，至於無形〔五〕。』又曰：『因形而措勝於衆，衆不能知〔六〕。』其此之謂乎？」

靖再拜曰：「深乎！陛下聖慮，已思過半矣。」

校注

〔一〕犄角：《左傳·襄公十四年》：「譬如捕鹿，晉人角之，諸戎犄之。」角，是抓住角，犄，是拉後腿。犄角，這裏指前後夾擊敵人。犄角，亦作掎角。

〔二〕不責於人：「責」，原作「貴」，形近而誤。今據各本並宋本《十一家注孫子·勢篇》改。

〔三〕善用兵者四句：語出《孫子·勢篇》。意謂善於用兵作戰的將領，主要是靠造成有利的戰場態勢取勝，而不是單純靠苛求部屬的責任。所以，他最會選任賢能的人才，最會利用有利的態勢。「善用兵者」句，宋本《十一家注孫子》作「故善戰者」。

〔四〕臣前曾述：「述」原作「部」，今據各本改。

〔五〕形兵之極，至於無形：語出《孫子·虛實篇》。意謂示形（僞裝、欺騙以調動敵人）方法運用到出神入化的程度，就能使敵人看不出一點痕迹。

〔六〕因形而措勝於衆，衆不能知：語出《孫子·虛實篇》。意謂把憑藉示形取得的勝利擺在人們面前，人們也不知道這是怎樣取勝的。因形而措勝於衆，「而」，原作「以」，據王本、茅本、張本及宋本《十一家注孫子》改。

十五

太宗曰：「近契丹、奚皆内屬〔一〕，置松漠、饒樂二都督〔二〕，統於安北都護〔三〕。朕用薛萬徹〔四〕，如何？」

靖曰：「萬徹不如阿史那社爾及執失思力、契苾何力〔五〕，此皆蕃臣之知兵者也。因常與之言松漠、饒樂山川道路，蕃情逆順，遠至於西域部落十數種，歷歷可信。臣教之以陣法，無不點頭服義。望陛下任之勿疑。若萬徹，則勇而無謀，難以獨任。」

太宗笑曰：「蕃人皆爲卿役使！古人云，以蠻夷攻蠻夷，中國之勢也。卿得之矣。」

校　注

〔一〕契丹：古族名、古國名。源於東胡，遊牧於今遼河上游。唐時其地置松漠都督府，並任契丹首領爲都督。

〔二〕松漠：唐朝羈縻都督府名。貞觀二十二年（公元六四八年）爲契丹族部落而設，轄境相當於今内蒙古自治區西拉木倫河流域及其支流老哈河中下游一帶。

饒樂：唐朝羈縻都督府名。貞觀二十二年（公元六四八年）在奚族地置。轄境約相當於今内蒙古老哈河上游及河北灤河中上游一帶。

奚：古族名，南北朝時稱「庫莫奚」。分佈於饒樂水（今内蒙西拉木倫河）流域，過着遊牧生活。

〔三〕安北都護：唐朝都護府名，統磧北鐵勒諸部族府州。轄境約相當於今蒙古人民共和國及俄羅斯西伯利亞南部一帶。

〔四〕薛萬徹：敦煌人，隋涿郡太守薛世雄之子，後與兄萬鈞共歸唐，以軍功授統軍，進爵武安郡公。貞觀二十二年（公元六四八年）正月以青丘行軍總管率軍由海道進攻高麗國。

〔五〕執失思力：唐初少數民族將領，原爲突厥族酋長，貞觀中，護送隋蕭太后入朝，被授爲左領軍將軍之職。

契苾何力：「苾」，原作「毖」，今據各本並《新唐書》改。

契苾何力（？—六七六）：契苾，古族名，屬鐵勒諸部。何力，人名。契苾族首領哥楞（自號易勿真莫何可汗）之侄。唐貞觀六年（公元六三二年）十一月，與母率部衆千餘人投唐，歷任葱山道副大總管，遼東道行軍大總管，封郕國公。曾參加對吐谷渾、高昌、龜兹、西突厥等的戰爭。

李衛公問對卷中

一

太宗曰：「朕觀諸兵書，無出孫武。孫武十三篇，無出虛實〔一〕。夫用兵，識虛實之勢，則無不勝焉。今諸將中，但能言避實擊虛〔二〕，及其臨敵，則鮮識虛實者，蓋不能致人，而反爲敵所致故也。如何？卿悉爲諸將言其要。」

靖曰：「先教之以奇正相變之術，然後語之以虛實之形可也。諸將多不知以奇爲正，以正爲奇，且安識虛是實，實是虛哉？」

太宗曰：「『策之而知得失之計，作之而知動静之理，形之而知死生之地，角之而知有餘不足之處〔三〕。』此則奇正在我，虛實在敵歟？」

靖曰：「奇正者，所以致敵之虛實也。敵實，則我必以正；敵虛，則我必以奇〔四〕。苟將不知奇正，則雖知敵虛實，安能致之哉？臣奉詔，但教諸將以奇正，然後虛實自知焉。」

太宗曰：「以奇爲正者，敵意其奇，則吾正擊之；以正爲奇者，敵意其正，則吾奇擊之。使敵勢常虛，我勢常實。當以此法授諸將，使易曉爾。」

靖曰：「千章萬句，不出乎『致人而不致於人』而已〔五〕。臣當以此教諸將。」

校注

〔一〕虛實：在軍事上，這是一對用以表示軍情的概念。虛，指空虛、虛弱，也可以理解爲弱點、被動或無準備。實，堅實、充實，也可以理解爲强點、主動或有準備等。

〔二〕避實擊虛：「避」，原作「背」，據王本、茅本、張本及宋本《十一家注孫子》改。《孫子·虛實篇》：「夫兵形象水，水之形避高而趨下，兵之形避實而擊虛，水因地而制流，兵因敵而制勝。」意謂用兵要乘敵之隙，專打敵人的薄弱處。

〔三〕策之而知得失之計四句：語出《孫子·虛實篇》。意謂籌謀策劃一下計謀，便可知作戰的利弊；挑動一下敵軍，便可知戰場的態勢；偵察一下情況，便可知地形的優劣；實施一下小戰，便可知敵軍部署的虛實。

〔四〕則我必以奇：「以」原作「爲」，劉本、王本、茅本、張本、懷本並作「以」，據以改。

〔五〕致人而不致於人：語出《孫子·虛實篇》。意謂調動敵人而不被敵人所調動，掌握作戰的主動權。

二

太宗曰：「朕置瑤池都督〔一〕，以隸安西都護〔二〕。蕃漢之兵，如何處置？」

靖曰：「天之生人，本無蕃漢之别。然地遠荒漠，必以射獵而生，由此常習戰鬥。若我恩信撫之，衣食周之，則皆漢人矣。陛下置此都護，臣請收漢戍卒，處之内地，減省糧饋，兵家所謂治力之法也。但擇漢吏有熟蕃情者，散守堡障，此足以經久。或遇有警，則漢卒出焉〔三〕。」

太宗曰：「《孫子》所言治力何如？」

靖曰：「『以近待遠，以佚待勞，以飽待飢〔四〕』，此略言其概爾。善用兵者，推此三義而有六焉：以誘待來，以静待躁，以重待輕，以嚴待懈，以治待亂，以守待攻。反是，則力有弗逮。非治力之術〔五〕，安能臨兵哉！」

太宗曰：「今人習《孫子》者，但誦空文，鮮克推廣其義。治力之法，宜遍告諸將。」

校注

〔一〕瑤池都督：官名。唐貞觀二十三年（公元六四九年）二月，設瑤池都督府於金滿縣（縣址在今新疆吉木薩爾縣北十二公里北庭故城），隸屬於安西都護府，以左衛將軍阿史那賀魯爲瑤池都督。

〔二〕安西都護：官名。唐貞觀十四年（公元六四〇年）九月，唐滅高昌國（今新疆吐魯番東）以後，將其領地改名西州，設交河、天山、柳中、蒲昌等縣，並設安西都護府於交河城（在今新疆吐魯番西北約五公里處），統轄安西四鎮（龜兹、疏勒、于闐、焉耆）。

〔三〕則漢卒出焉：「漢」原作「虞」，今據劉本、王本、茅本、張本、懷本改。

〔四〕以近待遠三句：語出《孫子·軍争篇》。見前卷上注。

〔五〕非治力之術：「力」原作「之」，今據王本、茅本、張本、懷本改。

三

太宗曰：「舊將老卒，凋零殆盡，諸軍新置，不經陣敵。今教以何道爲要？」

靖曰：「臣嘗教士〔一〕，分爲三等：必先結伍法〔二〕，伍法既成，授之軍校〔三〕，此一等也；軍校之法，以一爲十，以十爲百，此一等也；授之裨將，裨將乃總諸校之隊，聚爲陣圖，此一等也。大將軍察此三等之教，於是大閱，稽考制度，分别奇正，誓衆行罰。陛下臨高觀之，無施不可。」

太宗曰：「伍法有數家，孰者爲要？」

靖曰：「臣按《春秋左氏傳》云，先偏後伍〔四〕；又《司馬法》曰，五人爲伍〔五〕；《尉繚子》有束伍令〔六〕；漢制有尺籍伍符〔七〕。後世符籍，以紙爲之，於是失其制矣。臣酌其法，自五人而變爲二十五人，自二十五人而變爲七十五人。此則步卒七十二人，甲士三人之制也。舍車用騎，則二十五人當八馬，此則五兵五當之制也〔八〕。是則諸家兵法，唯伍法爲要。小列之五人，大列之二十五人，參列之七十五人。又五參其數，得三百七十五人。三百人爲正，六十人爲奇。此則百五十人分爲二正，而三十人分爲二奇，蓋左右等也。穰苴所謂五人爲伍，十伍爲隊，至今因之，此其要也。」

校注

〔一〕臣嘗教士：「嘗」，原作「常」，今據懷本改。常、嘗古通。

〔二〕伍法：古代訓練隊伍的基本方法。周代軍制五人爲伍，歷代多相沿襲，把五人一伍作爲軍隊編制與訓練的基本單位。

〔三〕軍校：軍，我國古代軍隊中最大的編制單位，歷代人數多少不一。軍之一部爲一校。

〔四〕先偏後伍：古代的一種作戰隊形。按《左傳·桓公五年》周桓王十三年，桓王率蔡、衛、陳各諸侯伐鄭，鄭莊公設魚麗陣以抗拒桓王。其法是偏車（車二十五乘爲一偏）在前，步卒在後，步卒利用車輛的間隔作戰。

〔五〕五人爲伍：按今本《司馬法》無此句，杜佑《通典》第一百四十八卷有「司馬穰苴曰：五人爲伍，十伍爲隊」。

〔六〕束伍令：約束部伍的法令。《尉繚子·束伍令第十六》謂：「束伍之令曰：五人爲伍，共一符。」

〔七〕尺籍伍符：尺籍，書寫軍令的尺書；伍符是伍内互相連保的憑證。

〔八〕五兵五當：五兵，即弓矢手、殳手、矛手、戈手、戟手五種士兵。《司馬法》：「凡五兵五當，長（長兵）以衛短（短兵），短以救長。」弓矢、殳、矛是長兵，掩護短兵；戈、戟是短兵，補救長兵之不足。《李衛公問對》認爲，當舍車用騎，即用騎兵而不用車兵作戰時，以八馬爲一伍，相當於步卒二十五人，是伍法在車、步、騎不同編制内的不同運用。

四

太宗曰：「朕與李勣論兵，多同卿説，但勣不究出處爾。卿所制六花陣法〔一〕，出何術乎？」

靖曰：「臣所本諸葛亮八陣法也。大陣包小陣，大營包小營，隅落鈎連，曲折相對〔二〕。古制如此，臣爲圖因之。故外畫之方，内環之圓，是成六花，俗所號爾。」

太宗曰：「内圓外方，何謂也？」

靖曰：「方生於正，圓生於奇。方所以矩其步，圓所以綴其旋。是以步數定於地，行綴應於天〔三〕。步定綴齊，則變化不亂。八陣爲六，武侯之舊法焉。」

太宗曰：「畫方以見步，點圓以見兵，步教足法，兵教手法，手足便利，思過半矣〔四〕。」

靖曰：「吴起云：『絶而不離，却而不散〔五〕。』此步法也。教士猶佈棋於盤，若無畫路，棋安用之？孫武曰〔六〕：『地生度，度生量，量生數，數生稱，稱生勝。勝兵若以鎰稱銖，敗兵若以銖稱鎰〔七〕。』皆起於度量方圓也〔八〕。」

太宗曰：「深乎，孫武之言！不度地之遠近，形之廣狹，則何以制其節乎？」

靖曰：「庸將罕能知其節者也〔九〕。『善戰者，其勢險，其節短，勢如彍弩，節如發機〔一〇〕。』臣修其術：凡立隊，相去各十步；駐隊去前隊二十步〔一一〕；每隔一隊，立一戰隊〔一二〕。前進以五十步爲節。角一聲，諸隊皆散立，不過十步之內。至第四角聲，籠槍跪坐。於是鼓之，三呼三擊，三十步至五十步以制敵之變。馬軍從背出，亦五十步臨時節止〔一三〕。前正後奇，觀敵如何。再鼓之，則前奇後正，復邀敵來，伺隙擣虚〔一四〕。此六花大率皆然也。」

校　注

〔一〕六花陣法：根據諸葛亮八陣圖演變而成的陣法。它由方陣變爲内圓外方，由八陣變爲六陣。六陣加上中軍共爲七軍，故又名七軍陣。中軍爲奇兵，共七隊爲一陣，其隊形通常不作變化；外圍六軍爲正兵，分爲左右虞侯各一軍，左右廂各二軍，每軍以七隊編成一陣，共四十二隊。根據地形，陣式可作方、圓、曲、直、鋭各種陣形的變化。

〔二〕隅落鈎連，曲折相對：即指六花陣内各小陣之間互相銜接、呼應而無破綻；各小陣接合與交叉的地方互相對稱、策應，秩序井然。隅，指陣的各個攻守正面；落，陣的各角，即各小陣的銜接部。曲折，指小陣間的交叉和隊形轉换。四隅四落是方，曲折相對爲圓，所以説「外畫之方，内環之圓，是成六花」。

〔三〕應於天：「於」原作「乎」，今據各本改。

〔四〕思過半矣：「矣」原作「乎」，今據王本改。

〔五〕絶而不離，却而不散：語出《吴子·治兵》，原文爲「雖絶成陣，雖散成行」。意思是雖然兵臨絶境，陣形仍然不亂；隊伍雖在退却，行列依然整齊。

〔六〕孫武曰：「武」，劉本、王本、茅本、張本、懷本並作「子」。

〔七〕地生度七句：語出《孫子·形篇》。意謂根據戰場的險易廣狹和戰鬥容量，決定所應采取的作戰部署；根據作戰部署決定所應投入的兵力數量；根據兵力數量判斷出敵我戰鬥力的綜合比較；根據制勝因素的綜合比較，預見到作戰的勝利。取勝條件多的軍隊對於弱小之軍如同以鎰稱銖，反之若以銖稱鎰。鎰、銖均爲古代衡制中的重量單位，鎰大於銖。

〔八〕皆起於度量方圓也：「圓」原作「國」，形誤，據各本改。

〔九〕庸將罕能知其節者也：「罕」，王本、茅本、張本並作「鮮」。

〔一〇〕善戰者五句：語出《孫子·勢篇》。意謂善於指揮作戰的人，他所造成的戰場態勢是淩厲的，所發起的攻擊是迅猛的。句中「勢如彍弩」的「如」，原訛作「加」，今據宋本《十一家注孫子》改。彍〔kuò擴〕弩：張滿的弓弩。

〔一一〕駐隊：停止前進的部隊。

〔一二〕戰隊：即戰鋒隊。

〔一三〕亦五十步臨時節止：劉本、王本、茅本、張本、懷本並於「亦」下有「以」字。

〔一四〕伺隙搗虛：「搗」，原作「檮」，形近誤。劉本、王本、張本並作「擣」。按擣爲搗的異體字。

五

太宗曰：「《曹公新書》云：『作陣對敵，必先立表，引兵就表而陣。一部受敵，餘部不進救者斬〔一〕。』此何術乎？」

靖曰：「臨敵立表，非也。此但教戰時法爾。古人善用兵者，教正不教奇，驅衆若驅羣羊，與之進，與之退，不知所之也。曹公驕而好勝，當時諸將奉《新書》者，莫敢攻其短。且臨敵立表，無乃晚乎？臣竊觀陛下所制破陣樂舞〔二〕，前出四表〔三〕，後綴八幡，左右折旋，趨步金鼓，各有其節，此即八陣圖四頭八尾之制也。人間但見樂舞之盛，豈有知軍容如斯焉！」

太宗曰：「昔漢高帝定天下，歌云：『安得猛士兮守四方。』蓋兵法可以意授，不可以語傳。朕爲破陣樂舞，唯卿已曉其表矣，後世其知我不苟作也。」

校注

〔一〕作陣對敵五句：語出《曹操集・步戰令》：「兵若欲作陣對敵營，先白表，乃引兵就表而陣。臨陣無讙嘩，明聽鼓音，旗幡麾前則前，麾後則後，麾左則左，麾右則右。麾不聞令，而擅前後左右者斬。伍中有不進者，伍長殺之；伍長有不進者，什長殺之；什長有不進者，都伯殺之。督戰部曲將，拔刀在後，察違令不進者斬之。一部受敵，餘部不進救者斬。」表：標幟。這裏指演練列陣對敵時，標識出發地域、行進距離並據以變換前進速度的標幟。

〔二〕破陣樂舞：唐宮廷樂舞，原名《秦王破陣樂》，是李世民爲秦王時作戰用的軍樂，後改編爲表現戰陣之事的軍事舞蹈。

〔三〕表：這裏指破陣樂舞用的旌旗。

六

太宗曰：「方色五旗爲正乎〔一〕？ 幡麾折衝爲奇乎〔二〕？ 分合爲變，其隊數曷爲得宜？」

靖曰：「臣參用古法：凡三隊合，則旗相倚而不交；五隊合，則兩旗交；十隊合，則五旗交。吹角，開五交之旗，則一復散而爲十；開二交之旗，則一復散而爲五；開相倚不交之旗，則一復散而爲三。兵散，則以合爲奇；合，則以散爲奇。三令五申，三散三合〔三〕，然復歸於正，四頭八尾乃可教焉。此隊法所宜也。」

太宗稱善。

校注

〔一〕方色五旗：方，方位，方向。色，顔色，旗色。意謂按東、南、西、北、中五方，分用青、赤、白、黑、黄五色旗幟。

〔二〕幡麾折衝：麾和幡都是古代軍中用以指揮或作爲標志的旗幟。衝，戰車。折，挫折，引申爲擊退。《詩經·大雅》「折衝禦侮」，意謂阻遏敵人進攻。本句可理解爲旗幟（指揮）不斷變化，戰術靈活，打退敵人。

〔三〕三散三合：原本於「散」下無「三」字，今據翁本、劉本、張本、懷本補。此句王本、茅本並作「三散五合」。

七

太宗曰：「曹公有戰騎、陷騎、遊騎〔一〕，今馬軍何等比乎？」

靖曰：「臣按《新書》云：戰騎居前，陷騎居中，遊騎居後〔二〕。如此則是各立名號，分爲三類爾。大抵騎隊八馬，當車徒二十四人〔三〕；二十四騎，當車徒七十二人。此古制也。車徒當教以正，騎隊當教以奇〔四〕。據曹公，前後及中分爲三覆〔五〕，不言兩廂〔六〕，舉一端言也。後人不曉三覆之義，則戰騎必前於陷騎、遊騎，如何使用？臣熟用此法，回車轉陣〔七〕，則遊騎當前，戰騎當後，陷騎臨變而分，皆曹公之術也。」

太宗笑曰：「多少人爲曹公所惑！」

校注

〔一〕戰騎：對敵衝鋒的騎兵。陷騎：利用戰騎的戰果，突入敵陣的輕騎兵。遊騎：待命應援、擔負警戒的騎兵。

〔二〕戰騎居前三句：參見《曹操集·步戰令》。《步戰令》曰：「臨戰，陣騎皆當在軍兩頭；前陷，陣騎次之，遊騎在後。」

〔三〕車徒：配屬兵車的步卒。

〔四〕車徒當教以正，騎隊當教以奇：「當」原均作「常」，今據王本、茅本、張本、懷本改。

〔五〕三覆：指曹操把騎兵部隊分作前、中、後三部分，作戰時靈活運用，序列可以互變。另，《左傳·隱公九年》北戎侵鄭一段有「君爲三覆以待之」句，句中的覆指伏兵、埋伏，三覆，即前、中、後三層埋伏。

〔六〕兩廂：指左右兩翼而言。

〔七〕回車轉陣：「車」原作「軍」，今據劉本、王本、張本改。

八

太宗曰：「車、步、騎三者一法也，其用在人乎？」

靖曰：「臣按春秋魚麗陣〔一〕，先偏後伍，此則車步無騎，謂之左右拒〔二〕，言拒禦而已，非取出奇勝也。晉荀吴伐狄，舍車爲行，此則騎多爲便，唯務奇勝，非拒禦而已。臣均其術：凡一馬當三人，車步稱之，混爲一法，用之在人。敵安知吾車果何出，騎果何來，徒果何從哉？或潛九地，或動九天，其知如神，唯陛下有焉，臣何足以知之？」

校注

〔一〕魚麗陣：春秋時鄭莊公所創。鄭國有左拒、中軍、右拒三軍，一軍有五偏（二十五乘車爲一偏），一偏有五隊，一隊有五車。把五偏部署在五方，即成方陣。各偏以兵車居前，步卒居後，彌補偏間的縫隙（接合部）。把左拒、右拒、中軍排成倒品字形的隊勢，成爲兵車和步卒配合的一種魚網狀的隊形。麗，通「羅」。

〔二〕左右拒：是分左右兩翼抵禦敵人。拒，通矩。杜預注《左傳》「拒，方陣」。鄭莊公佈魚麗陣時，命大夫曼伯所部爲右拒，以當周桓王的左軍（陳人）；命大夫祭仲足所部爲左拒，以當周桓王右軍（蔡人、衛人）；命大夫原繁、高渠彌所部爲中軍，保護鄭莊公指揮作戰。

九

太宗曰："《太公書》云〔一〕：地方六百步，或六十步，表十二辰。其術如何？"

靖曰："畫地方一千二百步，開方之形也〔二〕。每部佔地二十步之方，横以五步立一人，縱以四步立一人。凡二千五百人，分五方，空地四處，所謂陣間容陣者也。武王伐紂，虎賁各掌三千人，每陣六千人，共三萬之衆。此太公畫地之法也。"

太宗曰："卿六花陣，畫地幾何？"

靖曰："大閲〔三〕：地方千二百步者，其義六陣，各佔地四百步，分爲東西兩廂，空地一千二百步，爲教戰之所。臣嘗教士三萬〔四〕，每陣五千人，以其一爲營法〔五〕，五爲方、圓、曲、直、鋭之形，每陣五變，凡二十五變而止。"

太宗曰："五行陣如何〔六〕？"

靖曰："本因五方色立此名。方、圓、曲、直、鋭，實因地形使然。凡軍不素習此五者，安可以臨敵乎？兵，詭道也，故强名五行焉，文之以術數相生相剋之義〔七〕。其實兵形象水，因地制流〔八〕，此其旨也。」

校注

〔一〕太公書：太公書即太公兵法。今傳世的傳爲吕望（姜太公）所作《六韜》中並無此文。

〔二〕開方：古代指每邊長一千二百步之正方形。此處「方一千二百步」當爲四邊共長一千二百步，乃指五陣營法。

〔三〕大閱：對軍隊的大檢閱。《左傳·桓公六年》：「秋，大閱，簡車馬也。」又《文選·晉左太沖（思）〈魏都賦〉》：「大閱以義舉。」注曰：「大閱，講武也。」

〔四〕臣嘗教士：「嘗」，原作「常」，今據王本、茅本、懷本改。

〔五〕營法：六花陣中進行示範訓練的一陣。李靖在校閱時，中間空出四十八万平方步作爲教場，兩面各四十八万平方步分列六軍。一軍演練習營法，另五軍則演練方、圓、曲、直、鋭五種陣形（如圖所示）。

〔六〕五行陣：以五行表示方位的戰陣。水位西北，火位東南，金位西南，木位東北，土位中央。相傳爲姜太公所創制，不足憑信。

〔七〕術數相生相剋：我國古代術數家有五行相生相剋説。相生，謂木生火，火生土，土生金，金生水，水生木；相剋，謂木剋土，土剋水，水剋火，火剋金，金剋木。

〔八一〕兵形象水，因地制流：語出《孫子·虛實篇》。原文爲「夫兵形象水，水之形，避高而趨下；兵之形，避實而擊虛。水因地而制流，兵因敵而制勝」。

教練六花陣營法圖

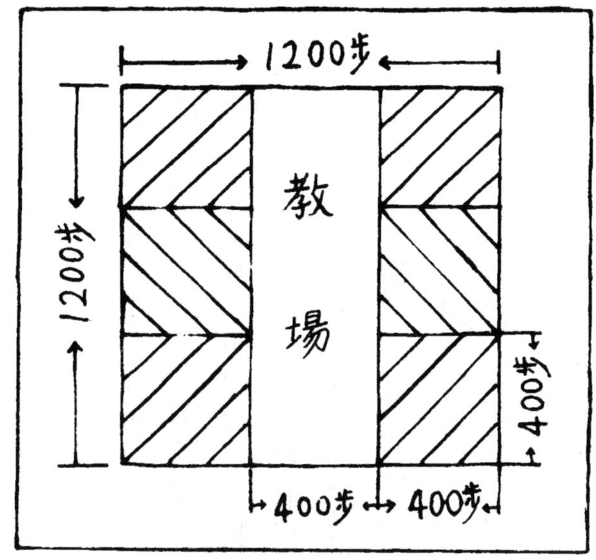

十

太宗曰：「李勣言牝牡、方圓伏兵法，古有是否？」

靖曰：「牝牡之法，出於俗傳，其實陰陽二義而已〔一〕。臣按范蠡云〔二〕：『後則用陰，先則用陽。盡敵陽節，盈吾陰節而奪之。』此兵家陰陽之妙也。范蠡又云：『設右爲牝，益左爲牡，早晏以順天道。』此則左右早晏，臨時不同，在乎奇正之變者也。左右者，人之陰陽；早晏者，天之陰陽；奇正者，天人相變之陰陽。若執而不變，則陰陽俱廢。如何？守牝牡之形而已。故形之者，以奇示敵，非吾正也；勝之者，以正擊敵，非吾奇也。此謂奇正相變。兵伏者，不止山谷草木伏藏所以爲伏也，其正如山，其奇如雷，敵雖對面，莫測吾奇正所在。至此，夫何形之有焉？」

校注

〔一〕陰陽：中國古代哲學的一對範疇。在軍事上，陰陽一般解釋爲柔、剛，暗、明，後、先，奇、正，右、左等，此處的陰可理解爲潛力，陽可理解爲鋭氣。

〔二〕范蠡：春秋末楚國宛（今河南南陽）人，字少伯，越國大夫。曾幫助越王「十年生聚，十年教訓」，艱苦圖强，滅亡吴國。在思想上，他具有樸素的辯證法觀點，認爲世界上一切現象的變化，都如日月運行一樣，發展到頂點就會轉化，國勢的盛衰也是這樣。人們應該利用這一法則，在對付敵人時，强而不驕，弱而不餒，創造條件，尋求戰機，轉弱爲强，轉敗爲勝，否則勢必「後將悔之」。《漢書·藝文志》著録有《范蠡》二篇，今佚。

十一

太宗曰：「四獸之陣〔一〕，又以商、羽、徵、角象之〔二〕，何道也？」

靖曰：「詭道也。」

太宗曰：「可廢乎？」

靖曰：「存之，所以能廢之也。若廢而不用，詭愈甚焉。」

太宗曰：「何謂也？」

靖曰：「假之以四獸之名〔三〕，及天、地、風、雲之號，又加商金、羽水、徵火、角木之配，此皆兵家自古詭道。存之，則餘詭不復增矣；廢之，則使貪使愚之術從何而施哉？」

太宗良久曰：「卿宜秘之，無泄於外〔四〕。」

校注

〔一〕四獸：指鳥、龜、龍、虎。典出《禮記·曲禮上》：「行前朱鳥而後玄武，左青龍而右白虎，招摇在上，急繕其怒。」鄭司農注：「以此四獸爲軍陣，象天也。」何徹云：「畫此四獸於旌旗上，以標前後左右之陣也。」孔穎達疏：「玄武，龜也。」又，李賢注：「玄武，北方之神，龜蛇合體。」四獸分别代表四方：鳥代表南方，龜代表北方，龍代表東方，虎代表西方。

〔二〕商、羽、徵、角：古代五聲（又稱五音）中的四聲（另一聲爲宫）。古人用四聲代表四方，並象徵四獸。商爲西方之音，屬金，代表虎；角爲南方之音，屬火，代表鳥；徵爲東方之音，屬木，代表龍；羽爲北方之音，屬水，代表龜。

〔三〕假之以四獸之名：「名」原作「陣」，今據張本改。

〔四〕無泄於外：清代懷山園刊本《李衛公問對》卷中止於此。

十二

太宗曰：「嚴刑峻法，使人畏我而不畏敵，朕甚惑之。昔光武以孤軍當王莽百萬之衆〔一〕，非有刑法臨之，此何由乎？」

靖曰：「兵家勝敗，情狀萬殊，不可以一事推也。如陳勝、吴廣敗秦師〔二〕，豈勝、廣刑法能加於秦乎？光武之起，蓋順人心之怨莽也，況又王尋、王邑不曉兵法〔三〕，徒夸兵衆，所以自敗。臣按《孫子》曰：『卒未親附而罰之，則不服；已親附而罰不行，則不可用〔四〕。』此言凡將先有愛結於士，然後可以嚴刑也。若愛未加而獨用峻法，鮮克濟焉。」

太宗曰：「《尚書》言：『威克厥愛，允濟；愛克厥威，允罔功〔五〕。』何謂也？」

靖曰：「愛設於先，威設於後，不可反是也。若威加於前，愛救於後，無益於事矣。《尚書》所以慎戒其終，非所以作謀於始也。故《孫子》之法萬代不刊〔六〕。」

校注

〔一〕光武（前六—五七）：漢光武帝，即東漢王朝的建立者劉秀。南陽蔡（今湖北棗陽西南）人。王莽末年，劉秀乘農民大起義之機，起兵反莽，加入緑林起義軍。後以廢除王莽苛政、恢復漢朝爲號召，力量逐漸壯大。後鎮壓了赤眉起義軍，削平各個割據勢力。公元二五年稱帝，統一全國。

王莽（前四五—二三）：新王朝的建立者。漢元帝皇后侄。西漢末，他利用裙帶關係和陰謀手段，於元始五年（公元五年）毒死漢平帝，自稱假皇帝。初始元年（公元八年）稱帝，改國號爲新。由於其倒行逆施，法令苛繁，賦役繁重，使階級矛盾激化。更始元年（公元二三年）在緑林、赤眉農民起義的打擊下，新政權崩潰，莽亦被殺。

〔二〕陳勝（？—前二〇八）：秦末農民起義軍領袖。字涉，陽城（今河南登封市陽城區）人，雇農出身。秦二世元年（公元前二〇九年），他與吴廣在蘄縣大澤鄉（今安徽宿州市市區東南）發動同行戍卒九百人起義，並在陳縣（今河南淮陽）建立張楚農民政權。由於起義軍過早同秦軍主力決戰，連戰皆敗，退至下城父（今安徽渦陽東南）爲叛徒莊賈殺害。

吴廣（？—前二〇八）：秦末農民起義軍領袖。字叔，陽夏（今河南太康）人，貧苦農民出身，和陳勝舉事後，任張楚農民政權假王（副王），率領起義軍主力西征，圍攻滎陽（今河南滎陽東北）。後爲部將田臧假借陳勝的命令殺害。

〔三〕王尋：王莽的大司徒，封章新公（三公之一）。王邑：王莽的大司空，封隆新公（三公之一）。

〔四〕卒未親附而罰之四句：語出《孫子·行軍篇》。原文在「則不服」下有「不服則難用也」。

意謂將帥在没有得到士兵擁戴時就處罰士兵，那麽士兵就不會誠服。在已經取得士兵擁戴之後，如果紀律不能執行，也不能用來作戰。

〔五〕威克厥愛二句：語出《尚書·胤征篇》。意謂威勝於愛，事情可以有成；愛勝於威，事情不會有成。

〔六〕萬代不刊：「刊」，原本作「刋」，形誤。不刊，即無可改易。

十三

太宗曰：「卿平蕭銑〔一〕，諸將皆欲籍僞臣家以賞士卒〔二〕，獨卿不從，以謂蒯通不戮於漢〔三〕，既而江漢歸順。朕由是思古人有言曰：『文能附衆，武能威敵。』其卿之謂乎？」

靖曰：「漢光武平赤眉〔四〕，入賊營中案行。賊曰：『蕭王推赤心於人腹中〔五〕。』此蓋先料人情本非爲惡，豈不豫慮哉！臣頃討突厥，總蕃漢之衆，出塞千里，未嘗戮一揚幹〔六〕，斬一莊賈〔七〕，亦推赤誠存至公而已矣。陛下過聽，擢臣以不次之位，若於文武則何敢當！」

校注

〔一〕蕭銑（五八三—六二一）：後梁宣帝曾孫。隋末任羅縣（一名羅川，今湖南湘陰東北）令。公元六一七年自稱梁王，次年稱帝，遷都江陵，割據長江中遊等地。武德四年（公元六二一年）秋，李靖乘長江水漲，蕭銑無備，突然率軍東下，直薄江陵，蕭銑兵敗降唐，被殺於長安。

〔二〕籍：籍没。指登記並没收所有財產。

〔三〕蒯通：即蒯徹。范陽（今河北定興北固城鎮）人，善辭令，有智謀，曾遊説范陽令徐公投降，使陳勝起義軍垂手而得三十餘城。後勸韓信背叛劉邦自立，但劉邦並未因此而殺他。後爲曹參賓客。

〔四〕赤眉：王莽末年起義於青、徐（今山東東部，江蘇北部）一帶的農民起義軍。作戰時爲與敵軍區别，他們以赤色染眉，因以得名。後遭劉秀鎮壓失敗。

〔五〕蕭王推赤心於人腹中：語出《後漢書·光武帝紀》。劉秀稱帝前，更始帝曾封他爲蕭王。

〔六〕揚幹：「揚」原作「楊」，今據劉本、懷本並《左傳·襄公三年》改。揚幹，晉悼公之弟。悼公四年（公元前五六九年），會諸侯於鷄澤（今河北邯鄲市東北），時魏絳爲中軍司馬，揚幹在曲梁（故城在鷄澤稍東北）亂了行列，按軍法當斬，因其是悼公之弟，故斬其御手代罪。

〔七〕莊賈：齊景公的寵臣，平素甚驕傲。齊景公將同燕國和晉國作戰，以司馬穰苴爲將，莊賈爲監軍。司馬穰苴約定於次日中午到達軍中，而莊賈因親友餞行，誤至過午纔到，穰苴依軍法將其斬首。

十四

太宗曰：「昔唐儉使突厥〔一〕，卿因擊而敗之。人言卿以儉爲死間〔二〕，朕至今疑焉。如何？」

靖再拜曰：「臣與儉比肩事主，料儉説必不能柔服，故臣因縱兵擊之，所以去大惡不顧小義也。人謂以儉爲死間，非臣之心。按《孫子》，用間最爲下策〔三〕，臣嘗著論，其末云：水能載舟，亦能覆舟。或用間以成功，或憑間以傾敗。若束髮事君〔四〕，當朝正色，忠以盡節，信以竭誠，雖有善間，安可用乎？唐儉小義，陛下何疑？」

太宗曰：「誠哉！非仁義不能使間〔五〕，此豈纖人所爲乎〔六〕？周公大義滅親〔七〕，況一使人乎？灼無疑矣！」

校注

〔一〕唐儉：唐初大臣，字茂約，并州晉陽（今山西太原市西南）人。曾幾次出使突厥，爲唐太宗平定突厥創造了有利條件。因功，曾官至民部尚書。

〔二〕死間：在敵國從事間諜活動，以泄露假機密擾亂對方。因其處境險惡，難得生還，故稱死間。

〔三〕用間：《孫子》第十三篇的篇名。主要講用間的作用和方法，並把間諜區分爲因間、内間、反間、死間、生間等。

〔四〕束髮：古代男孩子到成童時，束髮爲髻，因之古人以束髮爲成童代稱。本文指從青少年時起。

〔五〕非仁義不能使間：語出《孫子·用間篇》。

〔六〕孅人：指人格卑下的人。

〔七〕周公：西周初大政治家。周武王之弟，名旦，亦稱叔旦，姬姓。因采邑在周（今陝西岐山東北），稱爲周公。武王死後，成王年幼，周公攝政，他的兩個弟兄管叔和蔡叔不服，和紂王之子武庚一起叛亂。周公平定叛亂之後，殺了武庚和管叔，放逐了蔡叔，鞏固了西周政權，史稱周公大義滅親。

十五

太宗曰：「兵貴爲主，不貴爲客〔一〕；貴速，不貴久。何也？」

靖曰：「兵，不得已而用之，安在爲客且久哉？《孫子》曰：『遠輸則百姓貧〔二〕。』此爲客之弊也。又曰：『役不再籍，糧不三載〔三〕。』此不可久之驗也。臣較量主客之勢，則有變客爲主、變主爲客之術。」

太宗曰：「何謂也？」

靖曰：「『因糧於敵〔四〕』，是變客爲主也；『飽能飢之，佚能勞之〔五〕』，是變主爲客也。故兵不拘主客遲速，唯發必中節，所以爲宜。」

太宗曰：「古人有諸？」

靖曰：「昔越伐吴〔六〕，以左右二軍鳴鼓而進，吴分兵禦之。越以中軍潛涉不鼓，襲敗吴師，此變客爲主之驗也。石勒與姬澹戰〔七〕，澹兵遠來，勒遣孔萇爲前鋒，逆擊澹軍，孔萇退而澹來追，勒以伏兵夾擊之，澹軍大敗，此變勞爲佚之驗也。古人如此者多。」

太宗曰：「鐵蒺藜、行馬〔八〕，太公所制，是乎？」

靖曰：「有之，然拒敵而已。兵貴致人，非欲拒之也。太公《六韜》言守禦之具爾，非攻戰所施也。」

校注

〔一〕主、客：古代軍事術語。從戰略上説，以逸待勞、本土防禦的一方爲主；勞師襲遠、越境進攻的一方爲客。一般是主方地形有利，民情熟悉，供給方便，佔有主動態勢。反之，客方則較爲被動。但是，在戰役戰鬥上，客方爲了争取主動，也可采取搶佔有利地形，迷惑調動敵人，因糧於敵等行動，反客爲主。

〔二〕遠輸則百姓貧：語出《孫子·作戰篇》。意謂勞師襲遠，長途遠輸給養，就會使百姓貧窮不堪。

〔三〕役不再籍，糧不三載：語出《孫子·作戰篇》。意謂兵役不能徵調兩次，糧秣不能遠送多回。

〔四〕因糧於敵：語出《孫子·作戰篇》。意謂在敵人的領土上就近籌集軍糧。

〔五〕飽能飢之，佚能勞之：語出《孫子·虚實篇》。這兩句在宋本《十一家注孫子》作「佚能勞之，飽能饑之」。意謂用兵得法可以使休息好的敵軍疲勞，使糧食充足的敵軍飢餓。

〔六〕越伐吴：公元前四七八年春，越王勾踐出兵伐吴，吴王夫差在笠澤（今江蘇吴淞江）水面布陣以抵禦越軍，越軍用左右兩翼佯動，虚張聲勢，分散吴軍兵力，以中軍偷渡襲擊，大敗吴軍。

〔七〕石勒（二七四—三三三）：字世龍，羯族，上黨武鄉（今山西榆社北）人，十六國時期後趙的建立者。姬澹：《資治通鑑》作箕澹。字世稚，代郡（今河北蔚縣）人，晉侍中太尉劉琨部將。晉愍帝建興四年（公元三一六年）秋，石勒圍樂平（今山西昔陽縣西南），樂平郡太守韓據向劉琨求救，琨命姬澹帥步騎二萬爲前鋒同石勒作戰。石軍一面控制險要，預設兩層埋伏，一面派出少數輕騎兵出戰佯敗誘敵，姬澹中計入伏大敗。

〔八〕鐵蒺藜：亦稱渠答，古代戰場上用於阻止敵方步騎兵通行的一種障礙物，以鐵片聯綴而成，狀似蒺藜，故名。按《六韜·虎韜·軍用》謂「狹路微徑，張鐵蒺藜，芒高四寸，廣八寸，長六尺以上」。

行馬：主要用於防禦車騎通行的一種障礙物。把許多行馬聯起來，亦可阻止步兵通行。

李衛公問對卷下

一

太宗曰：「太公云：『以步兵與車騎戰者，必依丘墓險阻〔一〕。』又孫子云：『天隙之地，丘墓故城，兵不可處〔二〕。』如何？」

靖曰：「用衆在乎心一，心一在乎禁祥去疑〔三〕。倘主將有所疑忌，則羣情搖；羣情搖，則敵乘釁而至矣。安營據地，便乎人事而已。若澗、井、陷、隙之地〔四〕，及如牢如羅之處，人事不便者也，故兵家引而避之，防敵乘我。丘墓故城，非絶險處，我得之爲利，豈宜反去之乎？太公所説，兵之至要也！」

太宗曰：「朕思，兇器無甚於兵者。行兵苟便於人事，豈以避忌爲疑？今後諸將有以陰陽拘忌失於事宜者，卿當丁寧誡之。」

靖再拜謝曰：「臣按《尉繚子》云〔五〕：黄帝以德守之，以刑伐之〔六〕，是謂刑德，非天官時日之謂也〔七〕。然詭道可使由之，不可使知之。後世庸將泥於術數，是以多敗〔八〕，不可不誡也。陛下聖訓，臣即宣告諸將〔九〕。」

校注

〔一〕以步兵與車騎戰者，必依丘墓險阻：語出《六韜・犬韜・步戰第六十》。

〔二〕天隙之地，丘墓故城，兵不可處：此段不見今傳本《孫子》，大意可見《孫子・行軍篇》。天隙，自然形成的雨裂溝坑等障礙，行軍時難以通過。

〔三〕禁祥去疑：語出《孫子・九地篇》。禁止求問吉凶預兆的占卜活動，拋棄多餘的懷疑和猜忌。祥，吉凶的預兆。

〔四〕澗、井、陷、隙之地：概指妨礙部隊展開、不便軍事行動的幾種地形。澗，絶澗，兩岸峭峻，水流其中，斷絶行人。井，天井，四面高陡，溪水所歸，天然大井。陷，天陷，地勢低窪，道路泥濘，傾輪陷騎，天然陷阱。隙，天隙，地多溝濠，既深且長，通行困難，天然地隙。

〔五〕《尉繚子》：「武經七書」之一，戰國中期尉繚所著。尉繚曾對魏惠王講論兵法。《尉繚子》的著録最早見《漢書・藝文志》。其中「兵形勢家」與「雜家」均著録有《尉繚子》一部，篇帙一爲三十一篇，一爲二十九篇。今存《尉繚子》二十四篇。

〔六〕黄帝以德守之，以刑伐之：語出《尉繚子·天官第一》。原文爲：「刑以伐之，德以守之。」意謂黄帝講的刑是用兵討伐敵人，德是用教化治理國家。

〔七〕天官時日：天官，即天文星象。古人把星座按人間的官位命名，區分尊卑，故名天星爲天官。時日，原作日時，據各本及後文改。時日，古人迷信，往往依據星象時日的某些徵候判斷能否出兵作戰，所以有「兵忌日」之説。

〔八〕是以多敗：「是」原訛作「吴」，據各本改正。

〔九〕臣即宣告諸將：「即」，劉本、張本、懷本並作「宜」。又，此句王本、茅本並作「宜宣告諸將」。

二

太宗曰：「兵，有分有聚，各貴適宜。前代事迹，孰爲善此者？」

靖曰：「苻堅總百萬之衆，而敗於淝水，此兵能合不能分之所致也〔一〕。吴漢討公孫述〔二〕，與副將劉尚分屯〔三〕，相去二十里，述來攻漢，尚出合擊，大破之，此兵分而能合之所致也。太公云：『分不分，爲縻軍；聚不聚，爲孤旅〔四〕。』」

太宗曰：「然。苻堅初得王猛〔五〕，實知兵，遂取中原；及猛卒，堅果敗。此不陷孤旅之謂乎？此縻軍之謂乎？吴漢爲光武所任，兵不遥制，故漢果平蜀。此不陷孤旅之謂乎？得失事迹，足爲萬代鑒！」

校注

〔一〕此兵能合不能分之所致也：劉本、王本、茅本、懷本並於「合」下有「而」字。

〔二〕吴漢（？—四四）：字子顔，東漢初南陽宛縣（今河南南陽）人。漢光武帝時任大司馬，封廣平侯。率軍伐蜀，在成都近郊，八戰八捷，滅掉了割據益州的公孫述。公孫述（？—三六）：字子陽，東漢初扶風茂陵（今陝西興平東北）人。初爲王莽導江卒正（蜀郡太守），後據益州（今四川）稱帝，公元三六年爲漢軍擊敗，被殺。

〔三〕劉尚：吴漢的副將，任武威將軍。在殲滅公孫述的戰役中，率軍萬餘屯駐江南，策應吴漢主力攻打成都，結果被敵切斷。吴漢利用夜暗轉移兵力，與劉尚會合，遂大破公孫述。

〔四〕分不分，爲縻軍；聚不聚，爲孤旅：語出《六韜》。又《孫子·謀攻篇》謂「不知軍之不可以進而謂之進，不知軍之不可以退而謂之退，是爲縻軍」。意謂指揮失措，命令混亂，因而進退失據，左右受制的軍隊，謂之縻軍。縻，牽係，束縛。孤旅，孤立無援之軍。

〔五〕王猛（三二五—三七五）：字景略，北海劇（今山東壽光市東南）人。十六國時前秦政治家，博學，通兵書，佐苻堅統一了北方大部分地區。官至丞相。臨終前曾告堅不宜攻晉，堅不聽，秦軍果有淝水之敗。

三

太宗曰：「朕觀千章萬句，不出乎『多方以誤之』一句而已。」

靖良久曰：「誠如聖語〔一〕。大凡用兵，若敵人不誤，則我師安能剋哉？譬如弈棋，兩敵均焉，一着或失，竟莫能救。是古今勝敗，率由一誤而已，况多失者乎！」

校注

〔一〕誠如聖語：「語」，王本、茅本、張本並作「論」。

四

太宗曰：「攻守二事，其實一法歟？《孫子》言：『善攻者，敵不知其所守；善守者，敵不知其所攻[一]。』即不言敵來攻我，我亦攻之；我若自守，敵亦守之。攻守兩齊，其術奈何？」

靖曰：「前代似此相攻相守者多矣，皆曰『守則不足，攻則有餘[二]』。便謂不足爲弱，有餘爲强，蓋不悟攻守之法也。臣按《孫子》云：『不可勝者，守也；可勝者，攻也[三]。』謂敵未可勝，則我且自守；待敵可勝，則攻之爾。非以强弱爲辭也。後人不曉其義，則當攻而守，當守而攻。二役既殊，故不能一其法。」

太宗曰：「信乎，有餘不足，使後人惑其强弱！殊不知守之法，要在示敵以不足；攻之法，要在示敵以有餘也。示敵以不足，則敵必來攻，此是敵不知其所攻者也；示敵以有餘，則敵必自守，此是敵不知其所守者也。攻守一法[四]，敵與我分爲二事。若我事得，則敵事敗；敵事得，則我事敗。得失成敗，彼我之事分焉。攻守者，一而已矣，得一者百戰百勝。故曰『知彼知己，百戰不殆[五]』。其知一之謂乎？」

靖再拜曰：「深乎，聖人之法也！攻是守之機，守是攻之策，同歸乎勝而已矣。若攻不知守，守不知攻，不惟二其事，抑又二其官〔六〕，雖口誦《孫》、《吴》，而心不思妙，攻守兩齊之説，其孰能知其然哉？」

校注

〔一〕善攻者四句：語出《孫子・虚實篇》。意謂善於進攻的部隊，敵人不知道怎樣防守；善於防守的部隊，敵人不知道怎樣進攻。

〔二〕守則不足，攻則有餘：語出《孫子・形篇》。一説謂所以防守，是因爲勝敵條件尚不充足；所以進攻，是因爲勝敵條件綽綽有餘。《問對》認爲其意當是采取守勢，便示敵以弱，使敵進攻受挫；采取攻勢，示敵以强，使敵防守失利。

〔三〕不可勝者，守也；可勝者，攻也：語出《孫子・形篇》。意謂没有勝敵的條件，就進行防禦；具有勝敵的條件，就實施進攻。

〔四〕攻守一法：「法」，原作「决」，今據翁本、王本、茅本、張本、懷本改。

〔五〕知彼知己，百戰不殆：語出《孫子・謀攻篇》。

〔六〕若攻不知守，守不知攻，不惟二其事，抑又二其官：李靖認爲，攻守是互相聯繫的，如果把攻守孤立乃至對立起來，不僅把攻守割裂開來，也分開了攻守的職責。官，恪守職分。《荀子・解蔽》：「則萬物官矣。」

五

太宗曰：「《司馬法》言：『國雖大，好戰必亡；天下雖安，忘戰必危〔一〕。』此亦攻守一道乎〔二〕？」

靖曰：「有國有家者，曷嘗不講乎攻守也？夫攻者，不止攻其城擊其陣而已，必有攻其心之術焉；守者，不止完其壁堅其陣而已，必也守吾氣而有待焉〔三〕。大而言之，爲君之道；小而言之，爲將之法。夫攻其心者，所謂知彼者也；守吾氣者，所謂知己者也。」

太宗曰：「誠哉！朕嘗臨陣〔四〕，先料敵之心與己之心孰審，然後彼可得而知焉；察敵之氣與己之氣孰治，然後我可得而知焉。是以知彼知己，兵家大要。今之將臣，雖未知彼，苟能知己，則安有失利者哉！」

靖曰：「孫武所謂『先爲不可勝』者，知己者也；『以待敵之可勝』者，知彼者也。又曰：『不可勝在己，可勝在敵〔五〕。』臣斯須不敢失此誡。」

校注

〔一〕國雖大四句：語出《司馬法·仁本》。天下雖安，忘戰必危兩句中，「安」原作「平」，「忘」原作「亡」，均據各本及《司馬法》改。亡通忘。

〔二〕此亦攻守一道乎：「一」，茅本作「之」。

〔三〕必也守吾氣而有待焉：「而」，王本、茅本、張本、懷本並作「以」。

〔四〕朕嘗臨陣：「嘗」，原作「常」，今據王本、茅本、張本、懷本改。

〔五〕孫武所謂「先爲不可勝」者七句：語出《孫子·形篇》。原文爲「先爲不可勝，以待敵之可勝。不可勝在己，可勝在敵」。大意是首先要造成不可爲敵方戰勝的條件，以此等待敵方暴露弱點，出現可以戰而勝之的可乘之機。做到不會被敵人戰勝，權力在我；但敵人是否一定能被戰勝，却在敵人是否在指揮上犯錯誤。

六

太宗曰：「《孫子》言三軍可奪氣之法：『朝氣鋭，晝氣惰，暮氣歸。善用兵者，避其鋭氣，擊其惰歸〔一〕。』如何？」

靖曰：「夫含生禀血〔二〕，鼓作鬥争，雖死不省者，氣使然也。故用兵之法，必先察吾士衆，激吾勝氣，乃可以擊敵焉。吴起『四機』〔三〕，以氣機爲上，無他道也，能使人人自鬥，則其鋭莫當。所謂朝氣鋭者，非限時刻而言也，舉一日始末爲喻也。凡三鼓而敵不衰不竭〔四〕，則安能必使之惰歸哉？蓋學者徒誦空文〔五〕，而爲敵所誘。苟悟奪之之理，則兵可任矣。」

校注

〔一〕朝氣鋭六句：語出《孫子·軍争篇》。這裏孫子以「朝」「晝」「暮」形象地比喻士氣在戰中的始、中、終三個階段。在這三個階段中部隊的戰鬥力和士氣是不一樣的，正如同曹劌所説：「一鼓作氣，再而衰，三而竭。」善於用兵的人，都要注意避開敵人的鋭氣，選擇好作戰時機。

〔二〕夫含生禀血：「血」，王本、張本並作「氣」。含生禀血：指一切有生命的。

〔三〕四機：語出《吴子·論將》：「凡兵有四機：一曰氣機，二曰地機，三曰事機，四曰力機。三軍之衆，百萬之師，張設輕重在於一人，是謂氣機。」氣機，即指將帥的堅毅、勇敢與否影響全軍的士氣。

〔四〕三鼓：《左傳·莊公十年》（公元前六八四年）載，魯軍在長勺（今山東萊蕪東北）打敗了來犯的齊軍，曹劌分析制勝原因時説：作戰取勝在於勇，一鼓作氣，再而衰，三而竭。敵軍士氣衰竭，我軍士氣正盛，所以取勝。三鼓之説源於此。

〔五〕蓋學者徒誦空文：「誦」，原作「謂」，據各本改。

七

太宗曰：「卿嘗言李勣能兵法，久可用否？然非朕控御，則不可用也，他日太子治若何御之〔一〕？」

靖曰：「爲陛下計，莫若黜勣，令太子復用之，則必感恩圖報，於理何損乎？」

太宗曰：「善！朕無疑矣。」

太宗曰：「李勣若與長孫無忌共掌國政〔二〕，他日如何？」

靖曰：「勣，忠義臣，可保任也。無忌佐命大功，陛下以肺腑之親，委之輔相，然外貌下士，内實嫉賢。故尉遲敬德面折其短〔三〕，遂引退焉；侯君集恨其忘舊〔四〕，因以犯逆。皆無忌致其然也。陛下詢及臣，臣不敢避其説。」

太宗曰：「勿泄也，朕徐思其處置。」

校注

〔一〕太子治：唐太宗第九子，名治，字爲善。初封晉王，公元六四三年立爲太子，公元六五〇年即位，廟號高宗。

〔二〕長孫無忌（?—六五九）：唐初大臣，法律家。唐太宗長孫皇后之兄。曾助李世民發動玄武門之變奪取帝位，因以皇親及元勛之功，歷任要職，並受命輔立高宗。後爲唐高宗所逐，自縊而死。

〔三〕尉遲敬德（五八五—六五八）：唐初大將，太宗時歷任涇州道行軍總管、襄州都督等職，封鄂國公。

〔四〕侯君集（?—六四三）：唐初大將，太宗時歷任右衛大將軍、兵部尚書等職。後與承乾太子謀反，被殺。

八

太宗曰：「漢高祖能將將，其後韓、彭見誅〔一〕，蕭何下獄〔二〕，何故如此？」

靖曰：「臣觀劉、項皆非將將之君〔三〕。當秦之亡也，張良本爲韓報仇，陳平、韓信皆怨楚不用〔四〕，故假漢之勢，自爲奮爾。至於蕭、曹、樊、灌〔五〕，悉由亡命，高祖因之以得天下。設使六國之後復立，人人各懷其舊，則雖有能將將之才，豈爲漢用哉？臣謂漢得天下，由張良借箸之謀〔六〕，蕭何漕挽之功也〔七〕。以此言之，韓、彭見誅，范增不用〔八〕，其事同也。臣故謂劉、項皆非將將之君。」

太宗曰：「光武中興，能保全功臣，不任以吏事，此則善於將將乎？」

靖曰：「光武雖借前構〔九〕，易於成功，然莽勢不下於項籍，寇、鄧未越於蕭、張〔一〇〕，獨能推赤心用柔治保全功臣，賢於高祖遠矣！以此論將將之道，臣謂光武得之。」

校　注

〔一〕韓、彭見誅：韓即韓信，詳見前注。彭即彭越（？—前一九六），字仲，昌邑（今山東金鄉西北）人，漢初諸侯王。早年爲盜，秦末聚衆起兵，後歸劉邦，助劉争天下。漢初封梁王，後爲劉邦所殺。

〔二〕蕭何(?—前一九三):漢初政治家。與劉邦同鄉,並相友善,曾爲沛縣主吏掾,後隨劉邦起義,對西漢王朝的建立貢獻甚大,後封酇侯,爲漢相國。高祖十二年,因奏請開放上林苑爲耕地,觸怒劉邦,被下獄。

〔三〕項:即項籍(前二三二—前二〇二),字羽。秦末農民起義領袖。滅秦後自稱西楚霸王。爲人剛愎自用,不聽忠言,後兵敗自殺於烏江(今安徽合縣東北)。

〔四〕陳平(?—前一七八):漢初政治家。先從項羽破秦,後歸劉邦,屢獻奇謀,並用反間計使項羽不用謀士范增。劉邦稱帝後封陳曲逆侯。

〔五〕曹:即曹參(?—前一九〇),漢初政治家、軍事家。與劉邦同鄉,曾爲沛縣獄吏,隨劉邦起義後,屢建戰功,漢朝建立後封平陽侯,任齊相九年,被稱爲賢相。樊:即樊噲(?—前一八九),漢初功臣。出身微賤,曾以「屠狗爲事」,隨劉邦起義後,戰功卓著;漢王朝建立後,又多次助劉邦平定叛亂。封舞陽侯,爲左丞相。灌:即灌嬰(?—前一七六)。出身爲「販繒者」,助劉邦奪天下有功,初封潁陰侯,任車騎將軍。

〔六〕張良借箸之謀:劉邦與項羽爭天下時,有人勸劉邦復立六國後代,以孤立項羽。劉邦在喫飯時將此事告訴了張良,並問他的看法,張良就借用劉邦的筷子(箸)比劃着説,如果恢復六國,則天下遊士各歸其主,誰還來爲你爭天下呢?劉邦恍然大悟,采納了張良的意見。

〔七〕蕭何漕挽之功：楚漢相争中，劉邦多次失利，軍糧與兵源均發生很大困難。由於蕭何在關中安定後方，不斷由水、陸運送糧秣、壯丁支援前綫，爲劉邦最後戰敗項羽提供了物質保障。

〔八〕范增（前二七七—前二〇四）：項羽的主要謀士，曾被項羽尊稱爲「亞父」。范增屢次勸項羽殺劉邦，羽均不聽。後項羽中劉邦反間計，懷疑范增，並削弱其權力，終使范增忿然離去。

〔九〕前構：前人成就的事業。

〔一〇〕寇、鄧：寇，寇恂（？—三六），字子翼。東漢初上谷昌平（今屬北京）人，是幫助劉秀奪取天下的主要將領，後歷任潁川、汝南太守，封雍奴侯。鄧，鄧禹（二—五八），字仲華。東漢初南陽新野（今河南新野南）人，早年曾和劉秀一起求學長安，後幫助劉秀奪天下。劉秀稱帝後，任大司徒，封酇侯。劉秀統一全國後，改封高密侯。

九

太宗曰：「古者出師命將，齋三日〔一〕，授之以鉞，曰：『從此至天，將軍制之。』又授之以斧，曰：『從此至地，將軍制之。』又推其轂，曰：『進退唯時。』既行，軍中但聞將軍之令，不聞君命。朕謂此禮久廢，今欲與卿參定遣將之儀，如何？」

靖曰：「臣竊謂聖人制作，致齋於廟者，所以假威於神也；授斧鉞又推其轂者，所以委寄以權也。今陛下每有出師，必與公卿議論，告廟而後遣，此則邀以神至矣；每有任將，必使之便宜從事，此則假以權重矣，何異於致齋推轂邪〔二〕？盡合古禮，其義同焉，不須參定。」

上曰〔三〕：「善！」乃命近臣書此二事，爲後世法。

校注

〔一〕齋：齋戒。古人在祭祀前沐浴更衣，不飲酒，不喫葷，以示潔净身心，表示虔誠。

〔二〕何異於致齋推轂邪：「異」，原作「與」，今據各本改。

〔三〕上曰：「上」，原作「靖」，今據各本改。

十

太宗曰：「陰陽術數，廢之可乎？」

靖曰：「不可。兵者，詭道也，託之以陰陽術數，則使貪使愚，茲不可廢也。」

太宗曰：「卿嘗言，天官時日，明將不法，暗者拘之〔一〕。廢亦宜然？」

靖曰：「昔紂以甲子日亡，武王以甲子日興。天官時日，甲子一也，殷亂周治，興亡異焉。又宋武帝以往亡日起兵〔二〕，軍吏以爲不可，帝曰『我往彼亡』，果剋之。由此言之，可廢明矣。然而田單爲燕所圍〔三〕，單命一人爲神，拜而祠之。神言『燕可破』，單於是以火牛出擊燕，大破之。此是兵家詭道。天官時日，亦由此也。」

太宗曰：「田單託神怪而破燕，太公焚蓍龜而滅紂〔四〕，二事相反，何也？」

靖曰：「其機一也，或逆而取之，或順而行之是也。昔太公佐武王，至牧野遇雷雨，旗鼓毀折，散宜生欲卜吉而後行〔五〕，此則因軍中疑懼，必假卜以問神焉。太公以謂腐草枯骨無足問，且以臣伐君，豈可再乎？然觀散宜生發機於前，太公成機於後，逆順雖異，其理致則同。臣前所謂術數不可廢者，蓋存其機於未萌也，及其成功〔六〕，在人事而已。」

校注

〔一〕暗者拘之：「者」，劉本、王本、茅本、張本、懷本並作「將」。

〔二〕宋武帝：即劉裕（三五六—四二二），字德輿，南朝宋的建立者。任東晉將領時，曾於晉安帝義熙六年（四一〇年）二月率軍討伐南燕。他確定在丁亥日攻城，有人對他説丁亥日是「往亡日」，不利出兵。他却説：「我往彼亡，何爲不利？」遂四面急攻，虜南燕王慕容超，大勝而還。事見《資治通鑑》。

往亡日：不祥的日子，也稱天門日。古人迷信，認爲「往者去也，亡者無也」。其日忌拜官上任、遠行歸家、出軍征討、婚娶尋醫」（《堪輿經》）。農曆一年中，各月均有往亡日，從正月起，依次在寅、巳、申、亥、卯、午、酉、子、辰、未、戌、丑各日（此據《曆例》説）。還有一種説法是，二月以驚蟄後十四日爲往亡日（見《資治通鑑》注）。

〔三〕田單：戰國時齊將，臨淄（今山東淄博）人。燕將樂毅破齊時，田單堅守即墨（今山東平度東南）孤城。田單首先用反間計使燕惠王以騎劫代替樂毅爲將。當燕軍人心涣散、疏於戒備時，田單以火牛千頭、士卒五千殺出城去，猛衝敵陣，斬敵主將，大敗燕軍，並且陸續將失地七十餘城全部收回。

〔四〕蓍龜：占卜用具。蓍，蓍草。龜，龜殼。

〔五〕散宜生：西周初年大臣，曾幫助周武王滅紂。

〔六〕及其成功：原文於「其」下無「成」字，今據各本增。

十一

太宗曰：「當今將帥，唯李勣、道宗、薛萬徹，除道宗以親屬外，孰堪大用？」

靖曰：「陛下嘗言勣、道宗用兵，不大勝亦不大敗；萬徹若不大勝，即須大敗。臣愚思聖言，不求大勝亦不大敗者，節制之兵也；或大勝或大敗者，幸而成功者也。故孫武云：『善戰者，立於不敗之地，而不失敵之敗也〔一〕。』節制在我云爾。」

校注

〔一〕善戰者三句：語出《孫子·形篇》。意謂善於指揮作戰的將領，能使自己立於不敗之地的同時，又不放過任何勝敵的機會。

十二

太宗曰：「兩陣相臨，欲言不戰，安可得乎？」

靖曰：「昔秦師伐晉，交綏而退〔一〕。《司馬法》曰：『逐奔不遠，縱綏不及〔二〕。』臣謂綏者，御轡之索也。我兵既有節制，彼敵亦正行伍，豈敢輕戰哉？故有出爾交綏，退而不逐，各防其失敗者也。孫武云：『無邀正正之旗，勿擊堂堂之陣〔三〕。』若兩陣體均勢等，苟一輕肆，爲其所乘，則或大敗，理使然也。是故兵有不戰，有必戰；夫不戰者在我，必戰者在敵。」

太宗曰：「不戰在我，何謂也？」

靖曰：「孫武云：『我不欲戰者，畫地而守之，敵不得與我戰者，乖其所之也〔四〕。』敵有人焉，則交綏之間未可圖也。故曰不戰在我。夫必戰在敵者，孫武云：『善動敵者，形之，敵必從之；予之，敵必取之；以利動之，以本待之〔五〕。』敵無人焉，則必來戰，吾得以乘而破之，故曰必戰者在敵。」

太宗曰：「深乎，節制之兵！得其法則昌，失其法則亡。卿爲纂述歷代善於節制者，具圖來上，朕當擇其精微，垂於後世。」

靖曰：「臣前所進黄帝、太公二陣圖，並《司馬法》、諸葛亮奇正之法，此已精悉。歷代名將，用其一二而成功者亦衆矣。但史官鮮克知兵〔六〕，不能紀其實迹焉。臣敢不奉詔，當纂述以聞。」

校注

〔一〕秦師伐晉，交綏而退：典出《左傳·文公十二年》。「秦師伐晉」，原文及各本並作「晉師伐秦」，今依《左傳》原文改正。《左傳·文公十二年》載，當秦師伐晉，晉將趙盾率軍於河曲（今山西永濟縣境内）迎敵，剛一交戰，兩軍便各自後退，《左傳》稱此爲交綏而退。綏，武士登戰車時手拉的繩索。交綏，這裏指兩軍交相後退。

〔二〕逐奔不遠，縱綏不及：語出《司馬法·天子之義》。意謂追擊逃敵不要過遠，急行軍不要超過限度（即三舍，九十里）。

〔三〕無邀正正之旗，勿擊堂堂之陣：語出《孫子·軍争篇》。原文兩句互乙，今據宋本《十一家注孫子》更正。意謂作戰計劃應隨戰場情況而變化，當發現敵人旗幟整齊、陣列嚴整廣大時，即不可進擊交戰，古人稱此爲善治變化之道。

〔四〕我不欲戰者四句：語出《孫子·虛實篇》。我不欲戰者句，宋本《十一家注孫子》於「戰」

下無「者」字。意思是我不想打，即使不搆築壁壘，畫地而守，敵人也無法同我交戰——因爲我改變了敵人所欲進攻的方向。

〔五〕善動敵者七句：語出《孫子·勢篇》。「以本待之」的「本」，各本皆作「本」，而宋本《十一家注孫子》作「卒」。張預爲此作注云：「李靖以卒爲本；以本待之者，謂正兵節制之師。」此七句的意思是，善於調動敵人的將帥，僞裝假象迷惑敵人，敵人就會聽從調動；引誘敵人，敵人就會上鈎；以小利吸引敵人，相機以重兵殲敵。

〔六〕但史官鮮克知兵：「克」，茅本、張本並作「有」。

十三

太宗曰：「兵法孰爲最深者？」

靖曰：「臣嘗分爲三等〔一〕，使學者當漸而至焉。一曰道〔二〕，二曰天地，三曰將法。夫道之説〔三〕，至微至深〔四〕，《易》所謂聰明睿智神武而不殺者是也〔五〕。夫天之説陰陽，地之説險易。善用兵者，能以陰奪陽，以險攻易，孟子所謂天時地利者是也〔六〕。夫將法之説，在乎任人利器，《三略》所謂得士者昌，管仲所謂器必堅利者是也。」

太宗曰：「然。吾謂不戰而屈人之兵者上也，百戰百勝者中也，深溝高壘以自守者下也。以是較量，孫武著書，三等皆具焉。」

靖曰：「觀其文，迹其事，亦可差別矣。若張良、范蠡、孫武，脱然高引，不知所往〔七〕，此非知道，安能爾乎？若樂毅、管仲、諸葛亮，戰必勝，守必固，此非察天時地利，安能爾乎？其次，王猛之保秦，謝安之守晉〔八〕，非任將擇才〔九〕，繕完自固，安能爾乎？故習兵之學〔一〇〕，必先由下以及中，由中以及上，則漸而深矣。不然，則垂空言，徒記誦，無足取也。」

太宗曰：「道家忌三世爲將者，不可妄傳也，亦不可不傳也〔一一〕，卿其慎之！」

靖再拜出，盡傳其書與李勣。

校　注

〔一〕臣嘗分爲三等：「嘗」原作「常」，今據各本改正。

〔二〕道：規律，法則。此處可理解爲人事興衰成敗的道理。

〔三〕夫道之説：「説」，懷本作「法」。

〔四〕至微至深：此句劉本、王本、茅本、張本、懷本並作「至精至微」。

〔五〕聰明睿智神武而不殺：語出《周易·繫辭上》。聰，無所不聞；明，無所不見；睿，無所不通；智，無所不知；神，變化莫測；武，戡定禍亂；不殺，不假借刑威以定天下。

〔六〕孟子（前三九〇？—前三〇五）：名軻，字子輿。戰國中期儒家學派的主要代表人物。鄒（今山東鄒城市東南）人。天時地利，語出《孟子·公孫丑下》。天時，指陰晴寒暑；地利，指高城深池山川險阻。

〔七〕脱然高引，不知所往：意謂張良、范蠡、孫武功成名就，急流勇退，隱居他鄉，不知所往。

〔八〕謝安（三二〇—三八五）：東晉政治家，字安石，陳郡陽夏（今河南太康）人。孝武帝時官至宰相。公元三八三年，苻堅率前秦軍九十萬南下攻晉，江東大震。謝安命謝石、謝玄率八萬晉軍拒敵，大敗前秦軍於淝水，並一鼓作氣收復了洛陽及青、兖、徐、豫各州。

〔九〕非任將擇才：「才」原作「材」，今據王本、張本、懷本改。材通才。

〔一〇〕故習兵之學：「學」，王本、茅本、張本並作「家」。

〔一一〕亦不可不傳也：句首原無「亦」字，今據劉本、王本、茅本、張本、懷本增。

附録一　《舊唐書·太宗本紀》（節録）

太宗文武大聖大廣孝皇帝諱世民，高祖第二子也。母曰太穆順聖皇后竇氏。隋開皇十八年十二月戊午，生於武功之别館……太宗幼聰睿，玄鑒深遠，臨機果斷，不拘小節，時人莫能測也。

大業末，煬帝於雁門爲突厥所圍，太宗應募救援，隸屯衛將軍云定興營。將行，謂定興曰：「必賫旗鼓以設疑兵。且始畢可汗舉國之師，敢圍天子，必以國家倉卒無援。我張軍容，令數十里幡旗相續，夜則鉦鼓相應，虜必謂救兵雲集，望塵而遁矣。不然，彼衆我寡，悉軍來戰，必不能支矣。」定興從焉。師次崞縣，突厥候騎馳告始畢曰：王師大至。由是解圍而遁。及高祖之守太原，太宗時年十八。有高陽賊帥魏刀兒，自號歷山飛，來攻太原，高祖擊之，深入賊陣。太宗以輕騎突圍而進，射之，所嚮皆披靡，拔高祖於萬衆之中。適會步兵至，高祖與太宗又奮擊，大破之。

時隋祚已終，太宗潛圖義舉，每折節下士，推財養客，羣盜大俠，莫不願效死力。及義兵起，乃率兵略徇西河，剋之。拜右領大都督，右三軍皆隸焉，封敦煌郡公。

大軍西上賈胡堡，隋將宋老生率精兵二萬屯霍邑，以拒義師。會久雨糧盡，高祖與裴寂議，且還太原，以圖後舉。太宗曰：「本興大義以救蒼生，當須先入咸陽，號令天下；遇小敵即班師，將恐從義之徒一朝解體。還守太原一城之地，此爲賊耳，何以自全！」高祖不納，促令引發。太宗遂號泣於外，聲聞帳中。高祖召問其故，對曰：「今兵以義動，進戰則必剋，退還則必散。衆散於前，敵乘於後，死亡須臾而至，是以悲耳。」高祖乃悟而止。八月己卯，雨霽，高祖引師趣霍邑。太宗恐老生不出戰，乃將數騎先詣其城下，舉鞭指麾，若將圍城者，以激怒之。老生果怒，開門出兵，背城而陣。高祖與建成合陣於城東，太宗及柴紹陣於城南。老生麾兵疾進，先薄高祖，而建成墜馬，老生乘之，高祖與建成軍咸却。太宗自南原率二騎馳下峻坂，衝斷其軍，引兵奮擊，賊衆大敗，各捨仗而走。懸門發，老生引繩欲上，遂斬之，平霍邑。

至河東，關中豪傑争走赴義。太宗請進師入關，取永豐倉以賑窮乏，收羣盜以圖京師，高祖稱善。太宗以前軍濟河，先定渭北。三輔吏民及諸豪猾詣軍門請自效者日以千計，扶老攜幼，滿於麾下。收納英俊，以備僚列，遠近聞者，咸自託焉。師次於涇陽，勝兵九萬，破胡賊劉鷂子，並其衆。留殷開山、劉弘基屯長安故城。太宗自趣司竹，賊帥李仲文、何潘仁、向善志等皆來會，頓於阿城，獲兵十三萬。長安父老賫牛酒詣旌門者不可勝紀，勞而遣之，一無所受。軍令嚴肅，秋毫無所犯。尋與大軍平京城。高祖輔政，受唐國内史，改封秦國公。會薛舉以勁卒十萬來逼渭濱，太宗親擊之，大破其衆，追斬萬餘級，略地至於隴坻。

義寧元年十二月，復爲右元帥，總兵十萬徇東都。及將旋，謂左右曰：「賊見吾還，必相追躡。」設三伏以待之。俄而隋將段達率萬餘人自後而至，度三王陵，發伏擊之，段達大敗，追奔至於城下。因於宜陽、新安置熊、谷二州，戍之而還。徙封趙國公。高祖受禪，拜尚書令、右武侯大將軍，進封秦王，加授雍州牧。

武德元年七月，薛舉寇涇州，太宗率衆討之，不利而旋。九月，薛舉死，其子仁杲嗣立。太宗又爲元帥以擊仁杲，相持於折墌城，深溝高壘者六十餘日。賊衆十餘萬，兵鋒甚鋭，數來挑戰，太宗按甲以挫之。賊糧盡，其將牟君才、梁胡郎來降。太宗謂諸將軍曰：「彼氣衰矣，吾當取之。」遣將軍龐玉先陣於淺水原南以誘之，賊將宗羅睺並軍來拒，玉軍幾敗。既而太宗親御大軍，奄自原北，出其不意。羅睺望見，復回師相拒。太宗將驍騎數十入賊陣，於是王師表裏齊奮，羅睺大潰，斬首數千級，投澗谷而死者不可勝計。太宗率左右二十餘騎追奔，直取折墌以乘之。仁杲大懼，嬰城自守。將夕，大軍繼至，四面合圍。詰朝，仁杲請降，俘其精兵萬餘人、男女五萬口。

既而諸將奉賀，因問曰：「始大王野戰破賊，其主尚保堅城，王無攻具，輕騎騰逐，不待步兵，徑薄城下，咸疑不剋，而竟下之，何也？」太宗曰：「此以權道迫之，使其計不暇發，以故剋也。羅睺恃往年之勝，兼復養鋭日久，見吾不出，意在相輕。今喜吾出，悉兵來戰，雖擊破之，擒殺蓋少。若不急躡，還走投城，仁杲收而撫之，則便未可得矣。且其兵衆皆隴西人，一敗披退，不及回顧，敗歸隴外，則折墌自虚，我軍隨而迫之，所以懼而降也。此可謂成算，諸君盡不見耶？」諸將曰：「此非凡人所能及也。」獲賊兵精騎甚衆，還令仁杲兄弟及賊帥宗羅睺、翟長孫等領之。太宗與之遊獵馳射，無所間然。賊徒荷恩懾氣，咸願效死。時李密初附，高祖令密馳傳迎太宗於豳州。密見太宗天姿神武，軍威嚴肅，驚悚嘆服，私謂殷開山曰：「真英主也。不如此，何以定禍亂乎？」凱旋，獻捷於太廟。拜太尉、陝東道行臺尚書令，鎮長春宫，關東兵馬並受節度。尋加左武候大將軍、凉州總管。

宋金剛之陷澮州也，兵鋒甚鋭。高祖以王行本尚據蒲州，吕崇茂反於夏縣，晉、澮二州相繼陷没，關中震駭，乃手敕曰：「賊勢如此，難與争鋒，宜棄河東之地，謹守關西而已。」太宗上表曰：「太原王業所基，國之根本，河東殷實，京邑所資。若舉而棄之，臣竊憤恨。願假精兵三萬，必能平殄武周，剋復汾、晉。」高祖於是悉發關中兵以益之，又幸長春宫親送太宗。

二年十一月，太宗率衆趣龍門關，履冰而渡之，進屯柏壁，與賊將宋金剛相持。尋而永安王孝基敗於夏縣，于筠、獨孤懷恩、唐儉並爲賊將尋相、尉遲敬德所執，將還澮州。太宗遣殷開山、秦叔寶邀之於美良川，大破之，相等僅以身免，悉虜其衆，復歸柏壁。於是諸將咸請戰，太宗曰：「金剛懸軍千里，深入吾地，精兵驍將，皆在於此。武周據太原，專倚金剛以爲捍。士卒雖衆，内實空虛，意在速戰。我堅營蓄鋭以挫其鋒，糧盡計窮，自當遁走。」

三年二月，金剛竟以衆餒而遁，太宗追之至介州。金剛列陣，南北七里，以拒官軍。太宗遣總管李世勣、程咬金、秦叔寶當其北，翟長孫、秦武通當其南。諸軍戰小却，爲賊所乘。太宗率精騎擊之，衝其陣後，賊衆大敗，追奔數十里。敬德、相率衆八千來降，還令敬德督之，與軍營相參。屈突通懼其爲變，驟以爲請。太宗曰：「昔蕭王推赤心置人腹中，並能畢命，今委任敬德，又何疑也。」於是劉武周奔於突厥，并、汾悉復舊地。詔就軍加拜益州道行臺尚書令。

七月，總率諸軍攻王世充於洛邑，師次谷州。世充率精兵三萬陣於慈澗，太宗以輕騎挑之。時衆寡不敵，陷於重圍，左右咸懼。太宗命左右先歸，獨留後殿。世充驍將單雄信數百騎夾道來逼，交搶競進，太宗幾爲所敗。太宗左右射之，無不應弦而倒，獲其大將燕頎。世充乃拔慈澗之鎮歸於東都。太宗遣行軍總管史萬寶自宜陽南據龍門，劉德威自太行東圍河内，王君廓自洛口斷賊糧道。又遣黄君漢夜從孝水河中下舟師襲回洛城，剋之。黄河以南，莫不響應，城堡相次來降。大軍進屯邙山。九月，太宗以五百騎先觀戰地，卒與世充萬餘人相遇，會戰，復破之，斬首三千餘級，獲大將陳智略，世充僅以身免。其所署筠州總管楊慶遣使請降，遣李世勣率師出轘轅道安撫其衆。滎、汴、洧、豫九州相繼來降。世充遂求救於竇建德。

四年二月，又進屯青城宫。營壘未立，世充衆二萬自方諸門臨穀水而陣。太宗以精騎陣於北邙山，令屈突通率步卒五千渡水以擊之，因誡通曰：「待兵交即放煙，吾當率騎軍南下。」兵才接，太宗以騎衝之，挺身先進，與通表裏相應。賊衆殊死戰，散而復合者數焉。自辰及午，賊衆始退。縱兵乘之，俘斬八千人，於是進營城下。世充不敢復出，但嬰城自守，以待建德之援。太宗遣諸軍掘塹，匝布長圍以守之。吴王杜伏威遣其將陳正通、徐召宗率精兵二千來會於軍所。僞鄭州司馬沈悦以武牢降，將軍王君廓應之，擒其僞荆王王行本。

會竇建德以兵十餘萬來援世充，至於酸棗。蕭瑀、屈突通、封德彝皆以腹背受敵，恐非萬全，請退師谷州以觀之。太宗曰：「世充糧盡，內外離心，我當不勞攻擊，坐收其斃。建德新破孟海公，將驕卒惰，吾當進據武牢，扼其襟要。賊若冒險與我爭鋒，破之必矣。如其不戰，旬日間世充當自潰。若不速進，賊入武牢，諸城新附，必不能守。二賊并力，將若之何？」通又請解圍就險以候其變，太宗不許。於是留通輔齊王元吉以圍世充，親率步騎三千五百人趣武牢。

建德自滎陽西上，築壘於板渚，太宗屯武牢，相持二十餘日。諜者曰：「建德伺官軍芻盡，候牧馬於河北，因將襲武牢。」太宗知其謀，遂牧馬河北以誘之。詰朝，建德果悉衆而至，陳兵汜水，世充將郭士衡陣於其南，綿亘數里，鼓噪，諸將大懼。太宗將數騎昇高丘以望之，謂諸將曰：「賊起山東，未見大敵。今度險而嚻，是無政令；逼城而陣，有輕我心。我按兵不出，彼乃氣衰，陣久卒飢，必將自退，追而擊之，無往不剋。吾與公等約，必以午時後破之。」建德列陣，自辰至午，兵士飢倦，皆坐列，又爭飲水，逡巡斂退。太宗曰：「可擊矣！」

親率輕騎追而誘之，衆繼至。建德回師而陣，未及整列，太宗先登擊之，所嚮皆靡。俄而衆軍合戰，囂塵四起。太宗率史大奈、程咬金、秦叔寶、宇文歆等揮幡而入，直突出其陣後，張我旗幟。賊顧見之，大潰。追奔三十里，斬首三千餘級，虜其衆五萬，生擒建德於陣。太宗數之曰：「我以干戈問罪，本在王世充，得失存亡，不預汝事，何故越境，犯我兵鋒？」建德股栗而言曰：「今若不來，恐勞遠取。」高祖聞而大悦，手詔曰：「隋氏分崩，崤函隔絶。兩雄合勢，一朝清蕩。兵既克捷，更無死傷。無愧爲臣，不憂其父，並汝功也。」

乃將建德至東都城下。世充懼，率其官屬二千餘人詣軍門請降，山東悉平。太宗入據宫城，令蕭瑀、竇軌等封守府庫，一無所取，令記室房玄齡收隋圖籍。於是誅其同惡段達等五十餘人，枉被囚禁者悉釋之，非罪誅戮者祭而誄之。大饗將士，班賜有差。高祖令尚書左僕射裴寂勞於軍中。……

於時海内漸平，太宗乃鋭意經籍，開文學館以待四方之士。行臺司勛郎中杜如晦等十有八人爲學士，每更直閣下，降以温顔，與之討論經義，或夜分而罷。

未幾，竇建德舊將劉黑闥舉兵反，據洺州。十二月，太宗總戎東討。五年正月，進軍肥鄉，分兵絶其糧道，相持兩月。黑闥窘急求戰，率步騎二萬，南渡洺水，晨壓官軍。太宗親率精騎，擊其馬軍，破之，乘勝蹂其步卒，賊大潰，斬首萬餘級。先是，太宗遣堰洺水上流使淺，令黑闥得渡。及戰，乃令決堰，水大至，深丈餘，賊徒既敗，赴水者皆溺死焉。黑闥與二百餘騎北走突厥，悉虜其衆，河北平。時徐圓朗阻兵徐、兖，太宗回師討平之，於是河、濟、江、淮諸郡邑皆平。十月，加左右十二衛大將軍。

七年秋，突厥頡利、突利二可汗自原州入寇，侵擾關中。有説高祖云：「只爲府藏子女在京師，故突厥來，若燒却長安而不都，則胡寇自止。」高祖乃遣中書侍郎宇文士及行山南可居之地，即欲移都。蕭瑀等皆以爲非，然終不敢犯顔正諫。太宗獨曰：「霍去病，漢廷之將帥耳，猶且志滅匈奴。臣忝備藩維，尚使胡塵不息，遂令陛下議欲遷都，此臣之責也。幸乞聽臣一申微效，取彼頡利。若一兩年間不係其頸，徐建移都之策，臣當不敢復言。」高祖怒，仍遣太宗將三十餘騎行劃。還日，固奏必不可移都，高祖遂止。八年，加中書令。

九年，皇太子建成、齊王元吉謀害太宗。六月四日，太宗率長孫無忌、尉遲敬德、房玄齡、杜如晦、宇文士及、高士廉、侯君集、程知節、秦叔寶、段志玄、屈突通、張士貴等於玄武門誅之。甲子，立爲皇太子，庶政皆斷決。……

八月癸亥，高祖傳位於皇太子，太宗即位於東宫顯德殿。……甲戌，突厥頡利、突利寇涇州。乙亥，突厥進寇武功，京師戒嚴。丙子，立妃長孫氏爲皇后。己卯，突厥寇高陵。辛巳，行軍總管尉遲敬德與突厥戰於涇陽，大破之，斬首千餘級。癸未，突厥頡利至於渭水便橋之北，遣其酋帥執失思力入朝爲覘，自張形勢，太宗命囚之。親出玄武門，馳六騎幸渭水上，與頡利隔津而語，責以負約。俄而衆軍繼至，頡利見軍容既盛，又知思力就拘，由是大懼，遂請和，詔許焉。即日還宫。乙酉，又幸便橋，與頡利刑白馬設盟，突厥引退。

九月丙戌，頡利獻馬三千匹、羊萬口，帝不受，令頡利歸所掠中國户口。丁未，引諸衛騎兵統將等習射於顯德殿庭，謂將軍已下曰：「自古突厥與中國，更有盛衰。若軒轅善用五兵，即能北逐獯鬻；周宣驅馳方、召，亦能制勝太原。至漢、晉之君，逮於隋代，不使兵士素習干戈，突厥來侵，莫能抗禦，致遺中國生民塗炭於寇手。我今不使汝等穿池築苑，造諸淫費，農民恣令逸樂，兵士唯習弓馬，庶使汝鬥戰，亦望汝前無橫敵。」於是每日引數百人於殿前教射，帝親自臨試，射中者隨賞弓刀、布帛。朝臣多有諫者，曰：「先王制法，有以兵刃至御所者刑之，所以防萌杜漸，備不虞也。今引裨卒之人，彎弧縱矢於軒陛之側，陛下親在其間，正恐禍出非意，非所以爲社稷計也。」上不納。自是後，士卒皆爲精鋭……

貞觀元年春正月乙酉，改元……（二年）二月丙戌，靺鞨内屬……（夏四月）丙申，契丹内屬……（三年）二月戊寅……永康縣公李靖爲兵部尚書……（冬十一月）庚申……兵部尚書李靖爲定襄道行軍總管，以擊突厥……

四年春正月乙亥，定襄道行軍總管李靖大破突厥……（二月）甲辰，李靖又破突厥於陰山，頡利可汗輕騎遠遁……三月庚辰，大同道行軍副總管張寶相生擒頡利可汗，獻於京師……夏四月丁酉，御順天門，軍吏執頡利以獻捷。自是西北諸蕃咸請上尊號爲「天可汗」，於是降璽書册命其君長，則兼稱之……

七年春正月戊子……上制破陣樂舞圖……乙酉，薛延陁遣使來朝……（八年）十二月辛丑，命特進李靖、兵部尚書侯君集、刑部尚書任城王道宗、涼州都督李大亮等爲大總管，各帥師分道以討吐谷渾……（九年閏四月）癸巳，大總管李靖、侯君集、李大亮、任城王道宗破吐谷渾於牛心堆……（五月）壬子，李靖平吐谷渾於西海之上，獲其王慕容伏允。以其子慕容順光降，封爲西平郡王，復其本國……

（十六年）是歲，高麗大臣蓋蘇文弑其君高武，而立武兄子藏爲王……（十八年十一月）庚子，命太子詹事、英國公李勣爲遼東道行軍總管，出柳城，禮部尚書、江夏郡王道宗副之；刑部尚書、鄖國公張亮爲平壤道行軍總管，以舟師出萊州，左領軍常何、瀘州都督左難當副之。發天下甲士，召募十萬，並趣平壤，以伐高麗……

附録二《舊唐書·李靖列傳》

李靖本名藥師，雍州三原人也。祖崇義，後魏殷州刺史、永康公。父詮，隋趙郡守。靖姿貌瓌偉，少有文武材略，每謂所親曰：「大丈夫若遇主逢時，必當立功立事，以取富貴。」其舅韓擒虎號爲名將，每與論兵，未嘗不稱善，撫之曰：「可與論孫、吴之術者，惟斯人矣。」初仕隋爲長安縣功曹，後歷駕部員外郎。左僕射楊素、吏部尚書牛弘皆善之。素嘗拊其床謂靖曰：「卿終當坐此。」

大業末，累除馬邑郡丞。會高祖擊突厥於塞外，靖察高祖，知有四方之志，因自鎖上變，將詣江都，至長安，道塞不通而止。高祖克京城，執靖將斬之，靖大呼曰：「公起義兵，本爲天下除暴亂，不欲就大事，而以私怨斬壯士乎！」高祖壯其言，太宗又固請，遂捨之。太宗尋召入幕府。

武德二年，從討王世充，以功授開府。時蕭銑據荆州，遣靖安輯之。輕騎至金州，遇蠻賊數萬，屯聚山谷，廬江王瑗討之，數爲所敗。靖與瑗設謀擊之，多所剋獲。既至硤州，阻蕭銑，久不得進。高祖怒其遲留，陰敕硤州都督許紹斬之。紹惜其才，爲之請命，於是獲免。會開州蠻首冉肇則反，率衆寇夔州，趙郡王孝恭與戰，不利。靖率兵八百，襲破其營，後又要險設伏，臨陣斬肇則，俘獲五千餘人。高祖甚悦，謂公卿曰：「朕聞使功不如使過，李靖果展其效。」因降璽書勞曰：「卿竭誠盡力，功效特彰。遠覽至誠，極以嘉賞，勿憂富貴也。」又手敕靖曰：「既往不咎，舊事吾久忘之矣。」

四年，靖又陳十策以圖蕭銑。高祖從之，授靖行軍總管，兼攝孝恭行軍長史。高祖以孝恭未更戎旅，三軍之任，一以委靖。其年八月，集兵於夔州。銑以時屬秋潦，江水泛漲，三峽路險，必謂靖不能進，遂休兵不設備。九月，靖乃率師而進，將下峽，諸將皆請停兵以待水退，靖曰：「兵貴神速，機不可失。今兵始集，銑尚未知，若乘水漲之勢，倏忽至城下，所謂疾雷不及掩耳，此兵家上策。縱彼知我，倉卒征兵，無以應敵，此必成擒也。」孝恭從之，進兵至夷陵。

銑將文士弘率精兵數萬屯清江，孝恭欲擊之，靖曰：「士弘，銑之健將，士卒驍勇，今新失荆門，盡兵出戰，此是救敗之師，恐不可當也。宜且泊南岸，勿與争鋒，待其氣衰，然後奮擊，破之必矣。」孝恭不從，留靖守營，率師與賊合戰。孝恭果敗，奔於南岸。賊委舟大掠，人皆負重。靖見其軍亂，縱兵擊破之，獲其舟艦四百餘艘，斬首及溺死將萬人。

孝恭遣靖率輕兵五千爲先鋒，至江陵，屯營於城下。士弘既敗，銑甚懼，始征兵於江南，果不能至。孝恭以大軍繼進，靖又破其驍將楊君茂、鄭文秀，俘甲卒四千餘人，更勒兵圍銑城。明日，銑遣使請降，靖即入據其城，號令嚴肅，軍無私焉。時諸將咸請孝恭云：「銑之將帥與官軍拒戰死者，罪狀既重，請籍没其家，以賞將士。」靖曰：「王者之師，義存弔伐。百姓既受驅逼，拒戰豈其所願。且犬吠非其主，無容同叛逆之科，此蒯通所以免大戮於漢祖也。今新定荆、郢，宜弘寬大，以慰遠近之心，降而籍之，恐非救焚拯溺之義。但恐自此已南城鎮，各堅守不下，非計之善。」於是遂止。江、漢之域，聞之莫不争下。以功授上柱國，封永康縣公，賜物二千五百段。詔命檢校荆州刺史，承制拜授。

乃度嶺至桂州，遣人分道招撫，其大首領馮盎、李光度、寧真長等皆遣子弟來謁，靖承制授其官爵。凡所懷輯九十六州，户六十餘萬。優詔勞勉，授嶺南道撫慰大使，檢校桂州總管。

六年，輔公祏於丹陽反，詔孝恭爲元帥、靖爲副以討之，李勣、任瓌、張鎮州、黄君漢等七總管並受節度。師次舒州，公祏遣將馮惠亮率舟師三萬屯當塗，陳正通、徐紹宗領步騎二萬屯青林山，仍於梁山連鐵鎖以斷江路，築却月城，延袤十餘里，與惠亮爲掎角之勢。孝恭集諸將會議，皆云：「惠亮、正通並握强兵，爲不戰之計，城栅既固，卒不可攻。請直指丹陽，掩其巢穴，丹陽既破，惠亮自降。」孝恭欲從其議。靖曰：「公祏精鋭，雖在水陸二軍，然其自統之兵，亦皆勁勇。惠亮等城栅尚不可攻，公祏既保石頭，豈應易拔？若我師至丹陽，留停旬月，進則公祏未平，退則惠亮爲患，此便腹背受敵，恐非萬全之計。惠亮、正通皆是百戰餘賊，必不憚於野戰，止爲公祏立計，令其持重，但欲不戰以老我師。今若攻其城栅，乃是出其不意，滅賊之機，唯在此舉。」孝恭然之。靖乃率黄君漢等先擊惠亮，苦戰破之，殺傷及溺死者萬餘人，惠亮奔走。靖率輕兵先至丹陽，公祏大懼。先遣僞將左遊僊領兵守會稽以爲形援，公祏擁兵東走，以趨遊僊，至吴郡，與惠亮、正通並相次擒獲，江南悉平。於是置東南道行臺，拜靖行臺兵部尚書，賜物千段、奴婢百口、馬百匹。其年，行臺廢，又檢校揚州大都督府長史。丹陽連罹兵寇，百姓凋弊，靖鎮撫之，吴、楚以安。

八年，突厥寇太原，以靖爲行軍總管，統江淮兵一萬，與張瑾屯太谷。時諸軍不利，靖衆獨全。尋檢校安州大都督。高祖每云：「李靖是蕭銑、輔公祏膏肓，古之名將韓、白、衛、霍，豈能及也！」九年，突厥莫賀咄設寇邊，徵靖爲靈州道行軍總管。頡利可汗入涇陽，靖率兵倍道趨豳州，邀賊歸路，既而與虜和親而罷。

太宗嗣位，拜刑部尚書，並録前後功，賜實封四百户。貞觀二年，以本官兼檢校中書令。三年，轉兵部尚書。突厥諸部離叛，朝廷將圖進取，以靖爲代州道行軍總管，率驍騎三千，自馬邑出其不意，直趨惡陽嶺以逼之。頡利可汗不虞於靖，見官軍奄至，於是大懼，相謂曰：「唐兵若不傾國而來，靖豈敢孤軍而至。」一日數驚。靖候知之，潛令間諜離其心腹，其所親康蘇密來降。四年，靖進擊定襄，破之，獲隋齊王暕之子楊正道及煬帝蕭后，送於京師，可汗僅以身遁。以功進封代國公，賜物六百段及名馬、寶器焉。太宗嘗謂曰：「昔李陵提步卒五千，不免身降匈奴，尚得書名竹帛。卿以三千輕騎深入虜庭，剋服定襄，威振北狄，古今所未有，足報往年渭水之役。」

自破定襄后，頡利可汗大懼，退保鐵山，遣使入朝謝罪，請舉國内附。又以靖爲定襄道行軍總管，往迎頡利。頡利雖外請朝謁，而潛懷猶豫。其年二月，太宗遣鴻臚卿唐儉、將軍安修仁慰諭，靖揣知其意，謂將軍張公謹曰：「詔使到彼，虜必自寬。遂選精騎一萬，賫二十日糧，引兵自白道襲之。」公謹曰：「詔許其降，行人在彼，未宜討擊。」靖曰：「此兵機也，時不可失，韓信所以破齊也。如唐儉等輩，何足可惜。」督軍疾進，師至陰山，遇其斥候千餘帳，皆俘以隨軍。頡利見使者大悦，不虞官兵至也。靖軍將逼其牙帳十五里，虜始覺。頡利畏威先走，部衆因而潰散。靖斬萬餘級，俘男女十餘萬，殺其妻隋義成公主。頡利乘千里馬將走投吐谷渾，西道行軍總管張寶相擒之以獻。俄而突利可汗來奔，遂復定襄、常安之地，斥土界自陰山北至於大漠。

太宗初聞靖破頡利，大悅，謂侍臣曰：「朕聞主憂臣辱，主辱臣死。往者國家草創，太上皇以百姓之故，稱臣於突厥，朕未嘗不痛心疾首，志滅匈奴，坐不安席，食不甘味。今者暫動偏師，無往不捷，單于款塞，耻其雪乎！」於是大赦天下，酺五日。御史大夫温彦博害其功，譖靖軍無綱紀，致令虜中奇寶，散於亂兵之手。太宗大加責讓，靖頓首謝。久之，太宗謂曰：「隋將史萬歲破達頭可汗，有功不賞，以罪致戮。朕則不然，當赦公之罪，録公之勳。」詔加左光禄大夫，賜絹千匹，真食邑通前五百户。未幾，太宗謂靖曰：「前有人讒公，今朕意已悟，公勿以爲懷。」賜絹二千匹，拜尚書右僕射。靖性沉厚，每與時宰參議，恂恂然似不能言。

八年，詔爲畿内道大使，伺察風俗。尋以足疾上表乞骸骨，言甚懇至。太宗遣中書侍郎岑文本謂曰：「朕觀自古已來，身居富貴，能知止足者甚少。不問愚智，莫能自知，才雖不堪，强欲居職，縱有疾病，猶自勉强。公能識達大體，深足可嘉，朕今非直成公雅志，欲以公爲一代楷模。」乃下優詔，加授特進，聽在第攝養，賜物千段、尚乘馬兩匹，禄賜、國官府佐並依舊給，患若小瘳，每三兩日至門下、中書平章政事。九年正月，賜靖靈壽杖，助足疾也。

未幾，吐谷渾寇邊，太宗顧謂侍臣曰：「得李靖爲帥，豈非善也！」靖乃見房玄齡曰：「靖雖年老，固堪一行。」太宗大悦，即以靖爲西海道行軍大總管，統兵部尚書侯君集、刑部尚書任城王道宗、凉州都督李大亮、右衛將軍李道彦、利州刺史高甑生等五總管征之。九年，軍次伏俟城，吐谷渾燒去野草，以餒我師，退保大非川。諸將咸言春草未生，馬已羸瘦，不可赴敵。唯靖決計而進，深入敵境，遂逾積石山。前後戰數十合，殺傷甚衆，大破其國。吐谷渾之衆遂殺其可汗來降，靖又立大寧王慕容順而還。初，利州刺史高甑生爲鹽澤道總管，以後軍期，靖薄責之，甑生因有憾於靖。及是，與廣州都督府長史唐奉義告靖謀反。太宗命法官按其事，甑生等竟以誣罔得罪。靖乃闔門自守，杜絶賓客，雖親戚不得妄進。

十一年，改封衛國公，授濮州刺史，仍令代襲，例竟不行。十四年，靖妻卒，有詔墳塋制度依漢衛、霍故事，築闕象突厥内鐵山、吐谷渾内積石山形，以旌殊績。十七年，詔圖畫靖及趙郡王孝恭等二十四人於凌煙閣。十八年，帝幸其第問疾，仍賜絹五百匹，進位衛國公、開府儀同三司。太宗將伐遼東，召靖入閤，賜坐御前，謂曰：「公南平吴會，北清沙漠，西定慕容，唯東有高麗未服，公意如何？」對曰：「臣往者憑藉天威，薄展微效，今殘年朽骨，唯擬此行。陛下若不棄，老臣病期瘳矣。」太宗愍其羸老，不許。二十三年，薨於家，年七十九。册增司徒、并州都督，給班劍四十人、羽葆鼓吹，陪葬昭陵，謚曰景武。

附録三　關於《李衛公問對》的評述資料

蔡襄《端明集·雜説》

李靖稱苻堅之敗，非謝玄之善。秦諸軍皆潰敗，唯慕容垂一軍獨全。堅以千餘騎赴之，垂之子寶勸垂殺堅，不果。此所以見秦之亂。慕容垂獨全，蓋堅爲垂所陷，明矣。夫爲人所陷而欲勝敵，不亦難乎！

予觀秦伐江南，唯垂曰晉武平吴，唯張杜而已，若昧群臣，豈能成功？以此謂垂陷堅，未盡矣。垂知進討之爲利，不能料堅之材堪與不堪辦事，此所以勸之也。

當謝玄隔淝水爲陣，夫兵半渡而擊之利，以是堅許卻軍也。玄以八千之衆當百萬，渡水而薄人，兵家所忌，豈不知此乎？蓋料堅之陣大概難整，然後觀形勢也。既而，堅陣果動。玄濟而戰，堅衆遂潰。使堅之陣難卻而整，玄必不濟矣。此玄之料事合於機變。若以垂軍獨全爲陷堅，當其以千騎赴垂，信子寶之言，取堅如振替葉，垂之不爲，足驗垂無陷堅之意。夫善用兵者，雖敗不亡。垂一軍之全，法制在焉。垂不能知堅之材則可罪，謂之陷堅，誣矣。（卷三十四）

沈括《夢溪筆談·補筆談》

風后八陣，大將握奇，處於中軍，則並中軍爲九軍也。唐李靖以兵少難分九軍，又改制六花陣，並中軍爲七軍。予按，九軍乃方法，七軍乃圓法也。算術：方物八裹一，蓋少陰之數，並其中爲老陽；圓物六裹一，乃老陰之數，並其中爲少陽。此物之定行，其數不可改易者。既爲方圓二陣，勢自當如此。九軍之次，李靖之後，始變古法，爲前軍、策前軍、右虞侯軍、右軍、中軍、左虞侯軍、左軍、後軍、策後軍。七軍之次：前軍、右虞侯軍、右軍、中軍、左虞侯軍、左軍、後軍。揚奇備伏。先鋒、踏白，皆在陣外；跳盪、弩手，皆在軍中。（卷三）

蘇轍《楊樂道龍圖哀辭·序》

嘉祐五年三月，轍始以選人至流内銓。是時楊公樂道以天章閣待制調銓之官吏，見予於稠人中，曰：「聞子求舉直言，若必無人，畋願得備數。」轍曰：「唯。」既而至其家，一見坐語，如舊相識。明年，予登制科，公以諫官爲考官秘閣。又明年四月，公薨。方其病也，予見於其寢，莫然無言曰：「死矣，將以寂滅爲樂。」蓋予之識公始三歲矣，三歲之中不過數十見。公齒甚長，予甚少；公已貴，予方貧賤。見之輒歡樂笑語，終日不厭，釋然忘其老且貴也。蓋公死，士大夫相與痛惜其不幸，而予又竊有以私懷之。公本河東人，家世將家，有功於國。公始以文詞得官，其後將兵於南方，與蠻戰，亦有功。其爲將能與士卒均勞苦，飲食比其最下者，而軍行常處其先，以此得其死力。常學李靖兵法，知其出入變化之節。其稱曰：「今之人，才不及古人，多將輒爲所昏。」嘗於南方以數千卒自試，自度可以復益數千人而不亂。然公之與人，謹畏循循無所迕。平居遇小事，若不能決。人皆怪其能將以破賊，疑其無以處之，不知其中有甚勇者，人不及也。蓋其謹畏循循者，所以爲勇而人莫知之。卒時年五十有六。素病瘦甚羸，然平居讀書，勤苦過於少年。好爲詩，喜大書，皆可愛。有子一人，生始二歲。將卒，名之曰祖仁。既卒，家無遺財，以故衣斂，仰於官及其友人以葬，以克養其家。將以七月葬於洛陽，五月，其家以其柩歸，作哀辭以遺其紼者歌之。

蘇轍《欒城集》（卷十八）

按：楊樂道，即楊畋（一〇〇七—一〇六二），楊家將第四代傳人。人稱其折節喜學問，兼具文武才。朝廷上下皆以知兵儒將視之。《宋史》有傳。

陳師道《後山集》

世傳王氏《元經薛氏傳》、關子明《易傳》、李衛公《對問》，皆阮逸所著。逸以草示蘇明允，而子瞻言之。（卷十九）

何去非《何博士備論》（二則）

一

始，堅以豪壯之資，備於儔伍，獲王猛之材以輔，成其志業。遂能自三秦之强，平殄燕、代，吞滅梁、蜀，九州之壤而制其七，可謂盛矣！然而東晉雖微，衆材任事，主無失德，而堅乃咈衆圖之。其廷臣戚屬，相與力争而不得也。獨慕容垂以失國之仇，欲以其禍中之，求乘其弊，而復燕祀，乃力贊其起。堅甚悦而不疑，以爲獨與己合，遂空國大舉，而僨於一戰。返未及境，而鮮卑叛，羌共起而乘之，身爲俘虜，遂亡其國。嗚呼！可不謂其非昏悖歟？（《苻堅論下》）

二

人謂漢高祖以布衣之微，召號豪傑，起定禍亂。乃瓜裂天下，以王勛將韓、彭、英布，皆連城數十，南面稱孤，舉天下之籍而據其半。及夫釋甲就封，創血未干，皆相視誅滅。蓋由高祖封賞過制，陷之驕逆，其於功臣不能無負。光武率義從之士，平夷盜逆，收還神器。天下既定，遂鑒高祖之失，第功行封，爵爲通侯，大者不過數縣，而不任以吏事。是以元勛、故將皆能自全。李靖，談兵之雄者也，亦以謂光武得將將之道，賢於高祖遠甚。（《郭崇韜論》）

何薳《春渚紀聞》

先君爲武學博士日，被旨校正武舉孫、吴等七書。先君言《六韜》非太公所作，内有考證處，先以禀司業朱服，服言此書行之已久，未易遽廢也。又疑《李衛公對問》亦非是。後爲徐州教授，與陳無己爲交代。陳云嘗見東坡先生言，世傳王氏《元經薛氏傳》、關子明《易傳》、李衛公《對問》皆阮逸著撰，逸嘗以草示奉常公也。（卷五）

邵博《河南邵氏聞見後録》

世傳王氏《元經薛氏傳》、關子明《易》、李衛公《問對》，皆阮逸擬作，逸嘗以私稿示蘇明允也。（卷五）

晁公武《郡齋讀書志》

《李衛公對問》三卷，唐李靖對太宗問兵事。元豐中並《六韜》、《孫》、《吴》、《三略》、《尉繚子》、《司馬兵法》類爲一書，頒之武學，名曰「七書」。史臣謂李靖兵法世無完書，略見於《通典》。今《對問》出於阮逸家，或云逸因杜氏附益之。（卷三下兵家類）

吴曾《能改齋漫録》

李靖兵法世無全書，略見於《通典》。今《對問》出於阮逸家，或云逸因杜佑附益之也。然予家有《李靖六軍心鏡》數卷，其文淺近，豈僞書邪？（卷十四）

李燾《續資治通鑑長編》（二則）

一

（熙寧七年三月）知制誥王益柔言：試將作監主簿麻皓年嘗注《孫》《吴》

二書及唐李靖《對問》，頗得古人意旨。兼自撰《臨機兵法》，甚精當。欲望許（按：清代《古今圖書集成·戎政典》「許」字作「詳」）進所注書，或可採録。乞加試用。從之。（卷二百五十一）

二

（元豐六年十二月丙辰）國子司業朱服言：承詔校定《孫子》《吳子》《司馬兵法》《衛公問對》《三略》《六韜》，諸家所注《孫子》互有得失，未能去取。它書雖有注解，淺陋無足採者。臣謂宜去注，行本書，以待學者之自得。詔《孫子》只用魏武帝注，餘不用注。（卷三百四十一）

葉適《習學記言序目》

太宗欲取高麗，專委李靖，固能辨之，如論用正兵及諸葛亮馬隆事，皆後世爲將者所當知也。然太宗欲以高麗爲己功，忌靖不用，迄無尺寸效，而疲弊天下。當是時，豈奇正之説所可了？方人主鋭意自將，而靖不能出一言救止，或有蹉跌，必與之俱敗；蓋靖者，止知言爲將而不知言爲國也。夫以將事隱國謀，誤後人甚矣，當削。

霍邑之戰，唐事幾敗而成，太宗由此始定霸業。所以然者，矜誇其功，特假設奇正爲問耳。靖非不知，而難斥高祖，故亦回護爲答；而太宗猶恐靖不悟，重複詰難，蓋其自伐之心終不忘也。蔽吝若此，安足以決奇正之實論哉！故言「旗參差而不齊，鼓大小而不應，令喧囂而不一，真敗却，非奇也」，則已明告之矣。且建成軍却，只謂之敗；太宗救敗，反而致勝，固無奇正相生之理。今以敗却爲奇，亦恐誤後生也。

孫子言：「三軍之衆可使必受敵而無敗者，奇正是也。凡戰者，以正合，以奇勝。善出奇者，無窮如天地，不竭如江海，終而復始，日月是也；死而更生，四時是也。戰勢不過奇正，奇正之變不可勝窮也。奇正相生，如環之無端，孰能窮之哉？」曹操修其術，有一術、二術、先後旁擊，至太宗與靖問答益詳，自是奇正爲兵家大議論。按孫子所謂奇正者，一軍之内，教令素明，士卒服習，若使一人，臨敵制變，分合在己，不可預料。且山林處士所以自神其説，遂有天地、江海、日月、四時之論，乃一將之任，非有國者所當言也。從古兵法，有正無奇，神農黄帝，雜説紛怪，不足考信。所考信者，唯舜禹湯武。禹之於三苗，豈是不能以奇勝？然終於班師而不用。及其必用而不得已，則湯武之於桀紂，亦卒用之，桀紂之衆，豈是不能以奇拒敵？然終於滅亡而不振也。況諸侯萬數，各出奇險，大者併吞旁鄰，小者自守其國，正帝王所禁，而可以自爲之哉！故《易》稱「師出以律，否臧凶」；律者，正也；否而臧者，不以律爲正而以奇取勝也。《易》者，三代所傳，孔子所述之正文，非孫子處士自神之説也。誠使舜禹湯武之道復明，「師出以律」，「貞，丈人吉」，而天下服矣。不然，則孫武曹操，更奇迭正，圖別指授，列散卒聚，一將之術講於廟堂，俄敗忽成，小獲大喪，而無有底止也，哀哉！

靖以「分合所出，惟孫武能之；吴起而下，莫可及焉」。其説謂「兩軍相嚮，使賤而勇者前擊，鋒始交而北，北而勿罰，觀敵進取，一坐一起，奔走不追，則敵有謀矣。若悉衆追北，行止縱横，此敵人不材，擊之勿疑。臣謂吴術多此類，非孫武所謂以正合也」。按起所言設術嘗寇，昔人所用，固與武相出入，（「餌兵勿入，佯北勿追。」）未知靖何以爲不如起。簡直勝負，欲其易見；而武蔽秘，務爲不可窺測。若如後世之論，用兵不過於求勝，奚必自分高下於其間？況武之指在於必受敵而無敗。夫使其可以疾速而取勝，則焉取夫遲緩而無敗哉！

靖言「前代戰鬥，多是以小術而勝無術，片善而勝無善，安足以論兵法！謝玄破苻堅，非謝玄之善，乃苻堅之不善」，以余觀之，靖爲堅用，則玄信不足以敵堅矣，然靖不及王猛，猛勸堅勿以晉爲圖，是猶知兵有不可用者，非戰勝攻取所能與也。若靖之志，在於用兵而已。使其爲堅謀，負其詐力，急於混平，大衆乖離，一旦冰解，非智所及，淝水之敗，依然固在；正如贊伐高麗之比，則雖有兵法，何所施哉！靖又言堅爲慕容垂所陷，尤不近理。王猛本以垂非久畜，多方疑間，不能奪堅謬計；而堅以十分天下八九之威，貪得怙勝，自致滅亡，垂安能陷之？靖徒知從太宗取羣盜之易，遂以算略爲準極，輕視豪雄；不知兵法以上更有多少節次，固不可以責靖也。

兵法何必自黄帝起，而世所傳《握奇文》者，兵家者流借其名，亦有不知乎？丘井所以度地居民，豈爲兵制？謂「數起於五，終於八」，皆在此，非也。

周自上世遷岐，已有立國之法，謂太公始建，非也。「戎車三百輛，虎賁三百人」，言師盡行；謂「立軍制」，非也。「六步七步，六伐七伐」，誓衆貴速，且不窮兵；謂「教戰法」，非也。夫法所以用兵，而兵之成敗不專在法；若必以法爲勝，則蚩尤桀紂若林之旅，豈其皆無法哉！且項羽之於漢高祖，固嘗百勝，一敗而亡，豈漢一日而有法哉？靖雖通明練事，而兵家之習氣不除，恐如此而謀人之國家，亦盡有害；偶值唐之方興，故不見耳。至李勣則見之矣。

靖言漢戍蕃落，教習各爲一法，及其用之，則「蕃而示之漢，漢而示之蕃」；太宗以爲奇正相生，「正合朕意」。昔秦晉遷陸渾之戎，晉以姜戎敗秦，天下横潰，遂爲戰國。先王以華治夷，不以夷雜華，故有中國、夷狄之別。萊人以兵劫魯侯，孔子正義責齊，而汶陽之田以歸者，明華夷之機也。太宗幸能威制夷狄，然其君臣之謀，不過兼蕃漢而用之；後百餘年，安史反噬，西自流沙，北至朔易，堯舜舊地皆陷爲夷狄，至今不可復振。嗚呼！安得以孔子之道舉而措之乎！

太宗舉諸葛亮言，「有制之兵，無能之將，不可敗也；無制之兵，有能之將，不可勝也」。余每恨《亮集》今不存，無以考信其所行。蓋自戰國以來，能教其人而後用者，惟亮一人，固非韓信驅市人之比。所以其國不勞，其兵不困，雖敗而可戰，雖勝而可恃。夫教者豈八陣、六花之謂？此特其色别耳。撫循安集，上下相應，使皆曉然，旅泊不悲，死亡不痛，猶在其家室也。然則如驅羣羊，驅而往，驅而來，莫知所之，孫子之術。靖與太宗所講，正亮之棄也。雖然，亮亦止於春秋戰國之將耳。

民與兵皆自伍法起，蓋自有生民以來如此，最爲大事，而靖輕言之，但云「臣酌其法，自五人變爲二十五人，二十五人變爲七十五人」而已。而獨珍貴陣法，既以爲黄帝所制，又謂太公實繕其法，又謂齊人得其遺法，管仲復修之，又祖管子，言管仲分齊爲三，又謂諸葛亮八陣即握奇法，凡此皆山澤隱約以術自喜，誇妄相承，而後人信之。就如其言，則自黄帝三代數千年，獨數人通悟陣法，餘皆寂寥零落。且天下之兵，無日不鬥，而部伍卒乘，將安所寄託乎？按《周官》司馬掌搜苗、獮、狩，其陣皆如戰之陣，其坐作進退疾徐疏數，皆如戰之節，而《春秋》所記魯事皆具。以魯視之，他國何獨不然！然則五家爲比，積而成鄉，五人爲伍，積而成軍，元帥居中，卿大夫士各守部分，前戰後拒，險易分合，形勢自然，彼四頭、八尾、六花、八陣，曾何區區執爲奥密哉？蓋當時上自王公，下至卒伍，皆明知之，不以爲異也。鄭魚麗，楚乘廣，晉毁車，雖臨時昧利，壞亂常制，終不能變大法，然後世反更以爲奇術。方戰國處士主議論，舊諸侯相次亡滅，秦亦繼之，豈惟《詩》《書》《禮》《樂》淪没，而兵制亦大壞。盗賊亡命，化爲侯王，此古戰陣法所以蕩盡，而黄帝《握奇》遂爲秘文也。然前人未嘗學《周官》，虚聲崇用，自不足怪。今之學者已學《周官》，奈何視爲外物，相與别畫陣法無休時？學既無所統一，而殫思竭慮，有害無益，是可嘆矣！

靖言「王尋、王邑不曉兵法，徒誇兵衆，所以自敗」。按王莽用事者，嚴尤最曉兵法，昆陽之戰，尤爲謀主，既敗，乘輕騎踐死人而逃。嗟夫！莽之亡至此晚矣，何論兵法乎！

「亟肆以疲之，多方以誤之，彼出則歸，彼歸則出，楚必道弊，闔廬從之，楚於是始病」，此戰國相傾之術也。太宗以天下之大，乃謂千章萬句不出乎「多方以誤之」一句。孔子曰：「智及之，仁不能守之，雖得之，必失之。」智非誤也，智得而仁不能守，猶且失之，況以誤得而又以誤守耶！此太宗與靖所未講也。

太宗言：「李勣非朕控御則不可用，他日太子治若何用之？」靖言：「爲陛下計，莫若黜勣，令太子復用之，則必感恩圖報，於理何損！」太宗曰：「善，朕無疑矣。」太宗雖盡用一世豪英，而其心量狹薄如此，與漢武畫周公負成王以賜霍光，不大相遠乎！且固無父黜而子用，以此爲顧命者。然則房、杜、王、魏之流，號爲遇時，而儒生嘵嘵稱頌不已，蓋可悲矣。

靖言：「兵法分爲三等，一曰道，至微至深，《易》所謂聰明睿智，神武而不殺。」又言：「張良、范蠡、孫武，脱然高引，不知所在，非知道安能爾？」尤泛濫無實。兵之所謂道者，以義治不義，誅暴亂，禁淫慝，若《周官》司馬九伐之法是也。然益謂「惟德動天」，若兵之治人，深者不可以動天矣；又言「滿招損，謙受益，時乃天道」，夫以兵加人而制其死命，滿孰甚焉！故知德者不以兵，

而知兵者安能自託於道？雖太公、閎、散未敢當也，而況范蠡、孫武之流哉！（卷四十六）

陳振孫《直齋書録解題》

（《李衛公問對》）亦假託也。文辭淺鄙尤甚。今武舉以「七書」試士，謂之「武經」。其間《孫》、《吴》、《司馬法》或是古書，《三略》、《尉繚子》亦有可疑，《六韜》、《問對》爲妄明白。而立之學官，置師弟子伏而讀之，未有言其非者，何也？何薳《春渚紀聞》言其父去非爲武學博士，受詔校「七書」，以《六韜》、《問對》爲疑，白司業朱服，服言此書行之已久，未易遽廢，遂止。後爲徐州教授，與陳師道爲代，師道言聞之東坡：世所傳王通《元經》、關子明《易傳》及李靖《問對》，皆阮逸僞撰，逸嘗以草示奉常公云。奉常公者，老蘇也。（卷十二）

馬端臨《文獻通考·經籍考》

按《四朝國史·兵志》，神宗熙寧間詔樞密院曰：「唐李靖兵法世無全書，雜見《通典》，離析訛舛，又官號物名與今稱謂不同，武人將佐多不能通其意，令樞密院檢詳官與王震、曾收（馬氏《通考》原作「皎」，疑誤，今據《宋史·兵制九》校改）、王白、郭逢原等校正，分類解釋，令今可行。」豈即此《問答》三卷耶，或别有其書也？ 然晁陳二家以爲阮逸取《通典》所載附益之，則似即此書。 然神宗詔王震等校正之説既明見於國史，則非阮逸之假託也。（卷二百二十二）

《宋史·兵制九》節録

（熙寧）八年二月，帝批：「見校試七軍營陣，以分數不齊，前後抵牾，難爲施用。可令見校試官摭其可取者，草定八軍法以聞。」初，詔樞密院曰：「唐李靖兵法，世無全書，雜見《通典》，離析訛舛。又官號物名與今稱謂不同，武人將佐多不能通其意。令樞密院檢詳官與王震、曾收、王白、郭逢原等校正，分類解釋，令今可行。」又命樞密院副都承旨張誠一、入内押班李憲與震、逢原行視寬廣處，用馬步軍二千八百人教李靖營陣法。以步軍副都指揮使楊遂爲都大提舉，誠一、憲爲同提舉，震、逢原參議公事，夏元象、臧景等爲將副、部隊將、幹當公事，凡三十九人。

誠一等初用李靖六花陣法，約受兵二萬人爲率，爲七軍，内虞候軍各二千八百人，取戰兵千九百人爲七十六隊，戰兵内每軍弩手三百，弓手三百，馬軍五百，跳盪四百，奇兵四百，輜重每軍九百，是爲二千八百人。帝諭近臣曰：

黄帝始置八陣法，敗蚩尤於涿鹿。諸葛亮造八陣圖於魚復平沙之上，壘石爲八行。晉桓温見之，曰：「常山蛇勢。」此即九軍陣法也。至隋韓擒虎深明其法，以授其甥李靖。靖以時遇久亂，將臣通曉者頗多，故造六花陣以變九軍之法，使世人不能曉之。大抵八陣即九軍，九軍者，方陣也。六花陣即七軍，七軍者，圓陣也。蓋陣以圓爲體，方陣者内圓而外方，圓陣即内外俱圓矣。故以方圓物驗之，則方以八包一，圓以六包一，此九軍六花陣之大體也。六軍者，左右虞候軍各一，爲二虞候軍；左右廂各二，爲四廂軍；與中軍更爲七軍。八陣者，加前後二軍，共爲九軍。開國以來，置殿前、馬步軍三帥，即中軍、前後軍帥之别名；而馬步軍都虞候是爲二虞候軍，天武、捧日、龍神衛四廂是爲四廂軍也。中軍帥總制九軍，即殿前都虞候，專總中軍一軍之事務，是其名實與古九軍及六花陣相符，而不少差也。今論兵者俱以唐李筌《太白陰經》中陣圖爲法，失之遠矣。

朕嘗覽近日臣僚所獻陣圖，皆妄相眩惑，無一可取。果如其説，則兩敵相遇，必須遣使豫約戰日，擇寬平之地，夷阜塞壑，誅草伐木，如射圃教場，方可盡其法爾。以理推之，其不可用決矣。今可約李靖法爲九軍營陣之制。然李筌圖乃營法，非陣法也。朕採古之法，酌今之宜，曰營曰陣，本出於一法，特止曰營，行曰陣；在奇正言之，則營爲正、陣爲奇也。

於是以八月大閲八軍陣於城南荆家陂。已事，賜遂而下至指使、馬步軍銀絹有差。

八年，詔諸路權住教五軍陣，止教四御陣。

九年四月，帝於輔臣論營陣法，謂：「爲將者少知將兵之理，且八軍、六軍皆大將居中，大將譬則心也，諸軍四體也。運其心智，以身使臂，以臂使指，攻左則右捄，攻右則左捄，前後亦然，則軍何由敗也！」

元豐四年，以九軍法一軍營陣按閲於城南好草陂，已事，奬諭。七年，詔：「已降五陣法，令諸將教習，其舊教陣法並罷。」蓋九軍營陣爲方、圓、曲、直、鋭，凡五變，是爲五陣。（卷一百九十五）

胡應麟《四部正訛》

《李衛公問對》，其詞旨淺陋猥俗，兵家最亡足采者，而宋人以列「七經」，殊可笑。舊咸以阮逸僞撰，謂老蘇嘗見其草本。案逸所撰《中説序》及《關朗傳》等文各可觀，不應鄙野至是。此書不特非衛公，亦非阮逸，當是唐末宋初俚儒村學綴拾貞觀君臣遺事、杜佑《通典》原文，傅以閭閻耳口。武人不知書，悦其俚近，故多讀之。夫衛公在唐，誠一代元勛。然文皇將略遠出其上，非若高帝於淮陰，真弗如也。凡唐初大敵，猖獗如劉武周，强盛如竇建德，皆身取之。靖擒蕭銑、輔公祏、頡利，率自守虜逋逃寇，不足當劉竇什一，而《問對》若斯也？

唐元勛，英、衛並稱，然勣非靖比也。文皇身經百戰，勣下諸人咸從行間，唯靖特將。文皇嘗命靖教侯君集兵法。君集言靖欲反。文皇問之，靖曰：「今天下已平，臣教君集足制四夷而務盡臣術，此君集反耳。」此外殊不經見，唯遼左旋師嘗一問焉。蓋發嘆於無功，而靖所對亦一時之權，匪萬成之策也。文殊、摩詰更互酬答，微言妙解，光明大千。於乎，二李之談兵，吾安得實聞其言，筆以詔萬世哉！（卷中）

鄭瑗《井觀瑣言》

太公《六韜》、《黄石公三略》、《李衛公問對》皆僞書也。宋戴少望作《將鑒論斷》乃極稱《三略》通於道而適於用，可以立功而保身，且謂其中多知足戒貪之語，張良得之用以成名。謂《問對》之書，興廢得失，事宜情實，兵家術法，燦然畢舉，皆可垂範將來。以予觀之，《問對》之書雖僞，然必出於有學識謀略者之手。（卷二）

（《李衛公問對》）辨析精微，考據典確。

朱墉《武經七書匯解·序》

今世傳者當是神宗時所定本，因神宗有「武人將佐不能通曉」之詔，故特多爲鄙俚之辭。若阮逸所撰，當不爾。意或逸見此書，未慊其志，又別撰之。而世已行此書，彼書不行歟？然總之爲僞書矣……可廢也。（子類）

姚際恒《古今僞書考》

唐司徒并州都督衛國景武公李靖與太宗論兵之語，而後人録以成書者也。案史稱所著兵法世無完書，唯《通典》中略見大概。此書出於宋代，大旨因杜氏所有者而附益之。何薳《春渚紀聞》謂蘇軾嘗言：世傳王通《元經》、關子明《易傳》及此書皆阮逸所僞撰，蘇洵曾見其草本。馬端臨撰《四朝國史·兵志》

《四庫全書總目提要》

謂神宗熙寧間嘗詔樞密院校正此書，似非逸所假託。胡應麟《筆叢》則又稱其詞旨淺陋猥俗，最無足采。阮逸亦不應鄙野至此，當是唐末宋初村儒俚學掇拾貞觀君臣遺事而爲之。諸説紛紜，多不相合。今考阮逸僞撰諸書，一見於《春渚紀聞》，再見於《後山談叢》，又見於《聞見後録》，不應何薳、陳師道、邵博不相約會，同構誣詞。至熙寧元豐之政，但務更新，何嘗稽古，尤未可據「七書」之制斷爲唐代舊文。特其書分别奇正，指畫攻守，變易主客，於兵家微意時有所得，亦不至遂如應麟所詆耳。鄭瑗《井觀瑣言》謂《問對》之書雖僞，然必出於有學識謀略者之手，斯言近之。故今雖正其爲贋作，而仍著之於録云。（子部兵家類）

俞正燮《癸巳存稿》

《衛公問答》，語極審詳，真大將言也。宋熙寧中，詔樞密院校正其書。其文又多采之《通典》，故其書可用，但不得謂衛公自著耳。太宗謂太子不能控御李勣。靖曰，爲陛下計，莫若黜勣，令太子復用之，則必感恩圖報，於理無損。

太宗曰善，朕無疑矣。又曰勿泄也，朕徐思其處置。又曰，靖再拜出，盡傳其書與李勣。使衛公自著，有此事乎？（卷十二）

汪宗沂《衛公兵法輯本自序》

有宋之初纂《御覽》也，其援引書目即有《衛公兵法》矣。曾公亮等編《武經總要》，亦多引唐李靖《兵法》矣。及熙寧間，嘗詔樞密院檢詳官與王震等校正《通典》所紀唐李靖《兵法》，分類解釋，令可施行，而未立學官，未見書目，當由書未編成。元豐之「武經七書」竟以阮逸僞託之《李衛公問對》備其數。其時，如蘇軾、何薳、邵博、吴曾、陳師道之儔皆稔知爲僞書；晁公武、陳振孫之釋書目，亦確指《問對》一書出於阮逸家。唯馬端臨《通考》疑此即熙寧所定之本，不知阮逸僞撰與樞密詳正本出二事。觀熙寧校試「七軍營陣」，但據《通典》所引《衛公營陣法》而重校之，知校正别本初未就。阮逸欲自伸其談兵之議論，假衛公以徼名，初非因《通典》而有所附益也。《衛公兵法》單行之本宋初尚有存者……至元豐間已不傳也。

湘浦《衛民捷録·問對題注》

按《李靖兵法》世無完書，或謂其出於阮逸家取杜氏《通典》附益之，故其文多鄙淺。然宋熙寧間立之學官，至武舉亦列之「七書」以試士。